あっ!
あっっ!
ワンッ!
ずぼっ!!

光村の国語
わかる、伝わる、古典のこころ ③

ことわざ・慣用句・故事成語を楽しむ

14のアイデア

ことわざや慣用句《かんようく》、故事成語《こじせいご》は、
昔《むかし》から受《う》けつがれてきたことばで、
そこには、人《ひと》びとの生《い》きる知恵《ちえ》がたくさんつまっています。
みなさんも聞《き》いたことのあることばが、
たぶん、たくさんあることでしょう。
もしかしたら、そうとは知《し》らずに、
よく使《つか》っていることばもあるかもしれません。
この本《ほん》では、そんなことばを、
楽《たの》しみながら、より深《ふか》く知《し》るための、
14のアイデアを紹介《しょうかい》しています。
つくったり、演《えん》じたり、遊《あそ》んだりしながら、
いろいろなことばにふれてみましょう。
そうすればきっと、古《ふる》くから伝《つた》わることばの中《なか》に、
「なるほど」と思《おも》う発見《はっけん》があるはずです。

光村教育図書

光村の国語

わかる、伝《つた》わる、古典《こ てん》のこころ ❸

ことわざ・慣用句《かんようく》・故事成語《こじせいご》を楽《たの》しむ

14のアイデア

目《もく》次《じ》

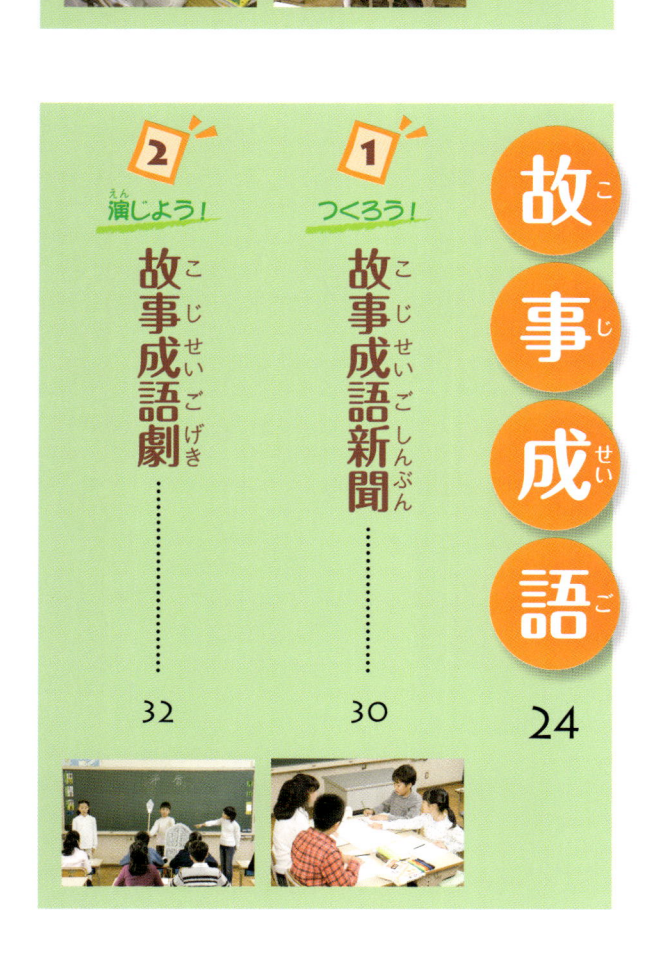

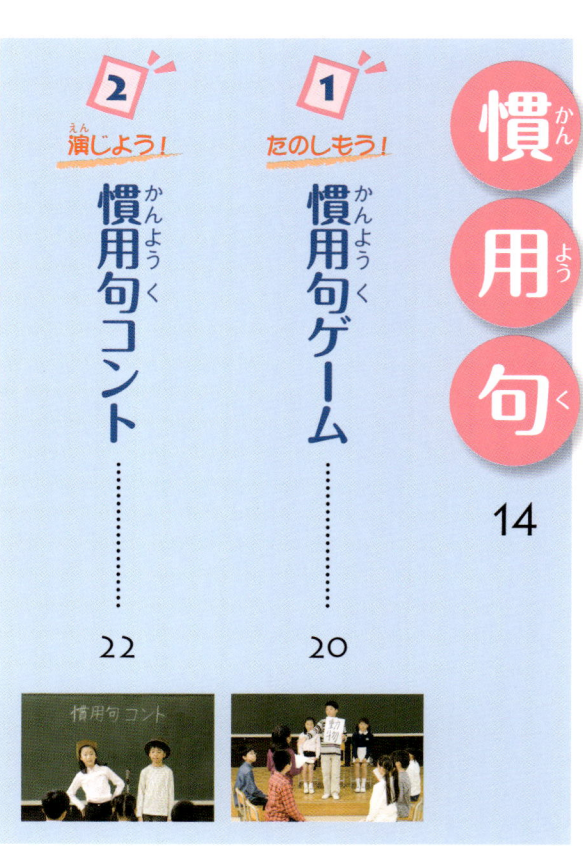

ことわざ

「もちはもち屋《や》」ね。さすが大工《だいく》さんは上手《じょうず》だわ。
「もちはもち屋《や》」ってどういう意味《いみ》?
物事《ものごと》には、それぞれ専門家《せんもんか》がいるから、その人《ひと》に任《まか》せるのがいちばんいいってことよ。
なるほど。やっぱり専《せん》門家《もんか》にお願《ねが》いしよう!
先生《せんせい》、宿題《しゅくだい》お願《ねが》いします。
ん?

使《つか》えるようになるとかっこいいよね。
ひと言《こと》で場面《ばめん》をピタッと言《い》い表《あらわ》しているんだね。
ときどき大人《おとな》の話《はなし》の中《なか》に出《で》てくるよ。

ことわざってなに?

長《なが》い間《あいだ》受《う》けつがれてきたことばで、暮《く》らしの中《なか》での知恵《ちえ》や知識《ちしき》などを伝《つた》えるものなんだ。古《ふる》くからの教《おし》えや、生活《せいかつ》していくうえで注意《ちゅうい》したほうがよいことなどがふくまれているよ。また、たとえを使《つか》ったり、二《ふた》つのものをくらべたりして、短《みじか》くわかりやすいことばで表《あらわ》しているんだよ。

ことわざ絵巻《えまき》
へびに見《み》こまれた
かえるのよう
ねこに小判《こばん》
まな板《いた》のこい
石橋《いしばし》をたたいてわたる
さるも木《き》から
落《お》ちる
とらの威《い》を
借《か》るきつね
馬《うま》の耳《みみ》に念仏《ねんぶつ》
花《はな》より団子《だんご》
ぶたに真珠《しんじゅ》
おぼれる者《もの》は
わらをもつかむ
かっぱの川流《かわなが》れ
急《いそ》がば回《まわ》れ
二階《にかい》から目薬《めぐすり》
下手《へた》の横好《よこず》き
好《す》きこそものの上手《じょうず》なれ
くもの子《こ》を
散《ち》らすよう
二兎《にと》を追《お》う者《もの》は一兎《いっと》をも得《え》ず
灯台《とうだい》下《もと》暗《くら》し
ブーン
テスト
弁慶《べんけい》の泣《な》き所《どころ》
案《あん》ずるより産《う》むが易《やす》し
犬《いぬ》も歩《ある》けば
棒《ぼう》に当《あ》たる
泣《な》きっ面《つら》にはち
ちりも積《つ》もれば山《やま》となる
頭《あたま》かくしてしりかくさず

いろいろなことわざ

ことわざには、いろいろなものがあるよ。にた意味《いみ》のことわざや、反対《はんたい》の意味《いみ》のことわざもたくさんあるんだよ。

頭《あたま》かくしてしりかくさず

意《い》味《み》

悪《わる》いことや欠点《けってん》などを、上手《じょうず》にかくしたつもりなのに、かくしきれていない部分《ぶぶん》がある。

使《つか》い方《かた》

「わたしは、美加《みか》のケーキなんか食《た》べていないわよ。」

「頭《あたま》かくしてしりかくさずね。口《くち》のまわりのクリームはなんですか。」

案《あん》ずるより産《う》むが易《やす》し

意《い》味《み》

なにかをする前《まえ》は、あれこれ心配《しんぱい》をしてしまうものだが、やってみると案外簡単《あんがいかんたん》にいく。

使《つか》い方《かた》

「緊張《きんちょう》するなあ。発表会《はっぴょうかい》で失敗《しっぱい》したらどうしよう。」

「案《あん》ずるより産《う》むが易《やす》し。もっと自《じ》信《しん》をもって。」

石《いし》の上《うえ》にも三年《さんねん》

意《い》味《み》

どんなことでも、がまん強《づよ》く努力《どりょく》を続《つづ》けていれば、必《かなら》ずよい結果《けっか》が得《え》られる。

使《つか》い方《かた》

「習《なら》い事《ごと》をやめたいな。」

「始《はじ》めてからまだ半年《はんとし》じゃないの。石《いし》の上《うえ》にも三年《さんねん》だから、もう少《すこ》しがんばりなさい。」

石《いし》橋《ばし》をたたいてわたる

意《い》味《み》

とても用心深《ようじんぶか》い。

使《つか》い方《かた》

「健一《けんいち》君《くん》は、朝起《あさお》きてから家《いえ》を出《で》るまでの間《あいだ》に、わすれ物《もの》がないか、三《さん》回《かい》かばんの中《なか》を確《たし》かめるんだって。」

「石橋《いしばし》をたたいてわたる性格《せいかく》だね。」

急《いそ》がば回《まわ》れ

意《い》味《み》

急《いそ》いでいるときは、遠回《とおまわ》りでも安全《あんぜん》な方法《ほうほう》をとったほうがよい。

使《つか》い方《かた》

「約束《やくそく》の時間《じかん》におくれそうだから、近道《ちかみち》をさがそうよ。」

「知《し》らない道《みち》を通《とお》るより、急《いそ》がば回《まわ》れで、いつもの道《みち》を行《い》ったほうがいいと思《おも》うよ。」

[反対《はんたい》の意味《いみ》]善《ぜん》は急《いそ》げ

犬《いぬ》も歩《ある》けば棒《ぼう》に当《あ》たる

意《い》味《み》

①でしゃばると、思《おも》いがけないよくないことが起《お》こる。

②いろいろやっていると、思《おも》いがけないよいことがある。

反対《はんたい》の意味《いみ》で使《つか》われるんだね。

使《つか》い方《かた》

「それ、まつたけなの。」

「ハイキングで、ぐうぜん見《み》つけたんだ。」

「犬《いぬ》も歩《ある》けば棒《ぼう》に当《あ》たるだね。」

馬《うま》の耳《みみ》に念仏《ねんぶつ》

意《い》味《み》

意見《いけん》や忠告《ちゅうこく》をいくら言《い》っても、なんの効果《こうか》もない。

使《つか》い方《かた》

「テレビを見《み》ながら、ご飯《はん》を食《た》べるのはやめなさい。」

「いくら言《い》っても聞《き》かないんだから。馬《うま》の耳《みみ》に念仏《ねんぶつ》ね。」

えびでたいをつる

意《い》味《み》

わずかな努力《どりょく》で、大《おお》きな利益《りえき》を手《て》に入《い》れる。

使《つか》い方《かた》

「千円《せんえん》の買《か》い物《もの》をしたら、くじ引《び》きでハワイ旅行《りょこう》が当《あ》たったんだって。」

「えびでたいをつるだね。」

おぼれる者《もの》はわらをもつかむ

意《い》味《み》

とてもこまっているときには、たよりにならないものまで当《あ》てにする。

使《つか》い方《かた》

「テスト勉強《べんきょう》が終《お》わらないよ。どうしよう。教科書《きょうかしょ》をまくらの下《した》に入《い》れてねたら覚《おぼ》えられないかな。」

「まさに、おぼれる者《もの》はわらをもつかむだね。」

かっぱの川流《かわなが》れ

意《い》味《み》

どんなに上手《じょうず》な人《ひと》でも、たまには失《しっ》敗《ぱい》をすることがある。

使《つか》い方《かた》

「大工《だいく》さんが、金《かな》づちで自分《じぶん》の指《ゆび》をたたいたんだって。」

「本当《ほんとう》かい。かっぱの川流《かわなが》れだね。」

[にた意味《いみ》]さるも木《き》から落《お》ちる

かわいい子《こ》には旅《たび》をさせよ

意《い》味《み》

自分《じぶん》の子《こ》どもが、本当《ほんとう》にかわいいと思《おも》うなら、手元《てもと》からはなして、世《よ》の中《なか》でいろいろな経験《けいけん》をさせたほうがよい。

使《つか》い方《かた》

「高校生《こうこうせい》になったら留学《りゅうがく》したいな。」

「かわいい子《こ》には旅《たび》をさせよとはいうけれど、大学生《だいがくせい》になるまで待《ま》ってみたら。」

くもの子《こ》を散《ち》らすよう

意《い》味《み》

一《ひと》つの所《ところ》にまとまっていたたくさんの者《もの》が、あちこちににげていく。

使《つか》い方《かた》

「校庭《こうてい》に出《で》たへびはこわかったね。」

「あのときは、みんなくもの子《こ》を散《ち》らすようににげたよね。」

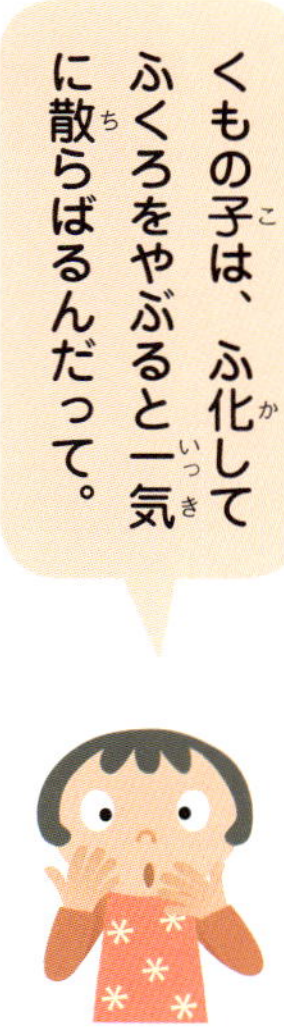
くもの子《こ》は、ふ化してふくろをやぶると一気《いっき》に散《ち》らばるんだって。

さるも木《き》から落《お》ちる

意《い》味《み》

どんなに上手《じょうず》な人《ひと》でも、たまには失《しっ》敗《ぱい》をすることがある。

使《つか》い方《かた》

「さるも木《き》から落《お》ちるで、プロのピアニストが演奏《えんそう》をまちがえたんだって。」

「プロだってそういうこともあるよ。」

[にた意味《いみ》]かっぱの川流《かわなが》れ

好《す》きこそものの上手《じょうず》なれ

意《い》味《み》

好《す》きなことは一生懸命《いっしょうけんめい》に取《と》り組《く》むので、上達《じょうたつ》する。

使《つか》い方《かた》

「なわとびで三重《さんじゅう》とびができたよ。」

「さすが、好《す》きこそものの上手《じょうず》なれだね。」

[反対《はんたい》の意味《いみ》]下手《へた》の横好《よこず》き

住《す》めば都《みやこ》

意《い》味《み》

どんなに不便《ふべん》な所《ところ》でも、住《す》み始《はじ》めてからしばらくたつとなれてきて、よい所《ところ》だと思《おも》えるようになる。

使《つか》い方《かた》

「転校《てんこう》するのはいやだったけれど、だんだんなれてきて、今《いま》は新《あたら》しい学《がっ》校《こう》が気《き》に入《い》ったよ。」

「住《す》めば都《みやこ》で、これからもっと楽《たの》しくなるよ。」

善《ぜん》は急《いそ》げ

意《い》味《み》

よいと思《おも》ったことは機会《きかい》をのがさず、すぐに実行《じっこう》したほうがよい。

使《つか》い方《かた》

「今度《こんど》、○○のコンサートに行《い》きたいなあ。」

「いいね。善《ぜん》は急《いそ》げで、チケットを予約《よやく》しよう。」

[反対《はんたい》の意味《いみ》]急《いそ》がば回《まわ》れ

ちりも積《つ》もれば山《やま》となる

意《い》味《み》

どんなにわずかなものでも、たくさん集《あつ》まれば山《やま》のような大《おお》きなものになる。

使《つか》い方《かた》

「毎月《まいつき》おこづかいを節約《せつやく》していたら、一万円《いちまんえん》たまったよ。」

「ちりも積《つ》もれば山《やま》となるだね。」

灯《とう》台下暗《だいもとくら》し

意《い》味《み》

とても近《ちか》くにあるものは、かえって気《き》がつきにくいものだ。

使《つか》い方《かた》

「えんぴつが転《ころ》がって、どこかへいっちゃった。」

「ほら、足元《あしもと》にあるよ。灯台下暗《とうだいもとくら》しだね。」

「灯台《とうだい》」は、昔《むかし》部屋《へや》で使《つか》われていた明《あ》かりのことだよ。台《だい》のすぐ下《した》は、かげになるから暗《くら》いんだ。

とらの威《い》を借《か》るきつね

意《い》味《み》

力《ちから》のない人《ひと》が、強《つよ》い人《ひと》の力《ちから》を借《か》りていばる。

使《つか》い方《かた》

「直人君《なおとくん》は、思《おも》いどおりにならないと、いつもお兄《にい》さんを連《つ》れてくるんだ。」

「まるで、とらの威《い》を借《か》るきつねだね。」

泣《な》きっ面《つら》にはち

意《い》味《み》

よくないことが続《つづ》いて起《お》こる。

使《つか》い方《かた》

「転《ころ》んでけがしたうえに、お気《き》に入《い》りの服《ふく》に穴《あな》があいてしまったんだ。」

「泣《な》きっ面《つら》にはちだね。」

情《なさ》けは人《ひと》のためならず

意《い》味《み》

人《ひと》に親切《しんせつ》にしていると、めぐりめぐって、やがて自分《じぶん》にもよいことがおとずれる。

使《つか》い方《かた》

正《ただ》しい使《つか》い方《かた》

「男《おとこ》の子《こ》が道《みち》に迷《まよ》っている様子《ようす》だったから、道《みち》を教《おし》えてあげたよ。」

「情《なさ》けは人《ひと》のためならずというから、きっといいことがあるよ。」

×まちがった使《つか》い方《かた》

「情《なさ》けは人《ひと》のためならずと思《おも》って、手伝《てつだ》わなかったよ。」

「一人《ひとり》でやらせたほうが、その子《こ》のためになるからね。」

「情《なさ》け」は、思《おも》いやりや親切《しんせつ》な心《こころ》のことだよ。「相手《あいて》のためになる」という意味《いみ》ではないので気《き》をつけよう。

二《に》階《かい》から目薬《めぐすり》

意《い》味《み》

思《おも》いどおりにならなくてもどかしい。また、やり方《かた》が遠回《とおまわ》しで効《き》き目《め》がない。

使《つか》い方《かた》

「ここに自転車《じてんしゃ》を止《と》めないでください、と何回《なんかい》はり紙《がみ》をしてもだめなんだよ。」

「二階《にかい》から目薬《めぐすり》なんだね。」

二《に》足《そく》のわらじをはく

意《い》味《み》

同《おな》じ人《ひと》が、まったくちがう二《ふた》つの仕《し》事《ごと》をする。

使《つか》い方《かた》

「パイロットのおじが、小説《しょうせつ》を書《か》いて賞《しょう》をとったんだ。」

「これからは、パイロットと小説家《しょうせつか》の二足《にそく》のわらじをはくのかな。」

二《に》兎《と》を追《お》う者《もの》は一兎《いっと》をも得《え》ず

意《い》味《み》

欲《よく》を出《だ》しすぎて、二《ふた》つのものを、一《いち》度《ど》に手《て》に入《い》れようとすると、どちらもうまくいかない。

使《つか》い方《かた》

「姉《あね》が、英会話《えいかいわ》と中国語会話《ちゅうごくごかいわ》を習《なら》い始《はじ》めたんだ。」

「二兎《にと》を追《お》う者《もの》は一兎《いっと》をも得《え》ずにならないといいね。」

ねこに小判《こばん》

意《い》味《み》

どんなに立派《りっぱ》なものでも、そのよさがわからない人《ひと》には、なんの役《やく》にも立《た》たない。

使《つか》い方《かた》

「ぼくが大切《たいせつ》にしていた記念切手《きねんきって》を、妹《いもうと》が使《つか》っちゃったんだ。」

「めずらしいものだったのに、妹《いもうと》にはねこに小判《こばん》だったね。」

[にた意味《いみ》]ぶたに真珠《しんじゅ》

寝《ね》耳《みみ》に水《みず》

意《い》味《み》

予想《よそう》もしていなかったことが急《きゅう》に起《お》こって、おどろく。

使《つか》い方《かた》

「大木先生《おおきせんせい》が、来年《らいねん》からよその学校《がっこう》へ転任《てんにん》しちゃうんだって。」

「えっ。そんなの寝耳《ねみみ》に水《みず》だよ。」

花《はな》より団子《だんご》

意《い》味《み》

①見《み》た目《め》の美《うつく》しさを楽《たの》しむものよりも、実際《じっさい》に役《やく》に立《た》つもののほうがよい。

②食《た》べられないものよりも、食《た》べられるもののほうがよい。

使《つか》い方《かた》

「満開《まんかい》の桜《さくら》がきれいだね。ところで、おなかがすいたから、お弁当《べんとう》にしよう。」

「花《はな》より団子《だんご》なんだから。」

ぶたに真珠《しんじゅ》

意《い》味《み》

どんなに価値《かち》があっても、わからない人《ひと》には価値《かち》がない。

使《つか》い方《かた》

「兄《あに》が、祖母《そぼ》から誕生日《たんじょうび》のお祝《いわ》いに文《ぶん》学全集《がくぜんしゅう》をもらったんだよ。」

「お兄《にい》さん、本好《ほんず》きだったっけ。ぶたに真珠《しんじゅ》にならないといいね。」

[にた意味《いみ》]ねこに小判《こばん》

下《へ》手《た》の横好《よこず》き

意《い》味《み》

下手《へた》なのにそのことが好《す》きで、熱心《ねっしん》に取《と》り組《く》む。

使《つか》い方《かた》

「母《はは》は下手《へた》の横好《よこず》きで、カラオケ大《たい》会《かい》に出《で》たんだ。」

「本人《ほんにん》が楽《たの》しいのがいちばんだから、いいんだよ。」

[反対《はんたい》の意味《いみ》]好《す》きこそものの上手《じょうず》なれ

へびに見《み》こまれたかえるのよう

意《い》味《み》

とても強《つよ》い相手《あいて》の前《まえ》では、おそろしくて身動《みうご》きができなくなる。

使《つか》い方《かた》

「昨日《きのう》のかんとくは、こわかった。ぼくらはまるで、へびに見《み》こまれたかえるのようだったよ。」

「しょうがないよ。あの迫力《はくりょく》でおこられたら、ただ頭《あたま》を下《さ》げているしかないよ。」

弁《べん》慶《けい》の泣《な》き所《どころ》

意《い》味《み》

①足《あし》のむこうずね。

②強《つよ》い人《ひと》の弱点《じゃくてん》。

使《つか》い方《かた》

「転《ころ》んだときに、弁慶《べんけい》の泣《な》き所《どころ》をぶつけたんだ。」

「そこはぶつけると、なみだが出《で》るくらい痛《いた》いよね。」

まな板《いた》のこい

意《い》味《み》

されるがままにするしか方法《ほうほう》がない状態《じょうたい》。

使《つか》い方《かた》

「運動会《うんどうかい》のあいさつ、すごく落《お》ち着《つ》いていたね。」

「とても緊張《きんちょう》していたけど、マイクの前《まえ》に立《た》ったらまな板《いた》のこいだと思《おも》って、落《お》ち着《つ》いてできたよ。」

英《えい》語《ご》のことわざ

Time《タイム》 is《イズ》 money《マニィ》.

時《とき》は金《かね》なり

意《い》味《み》 時間《じかん》は大切《たいせつ》だ。

There《ゼア》 is《イズ》 no《ノウ》 smoke《スモウク》 without《ウィズアウト》 fire《ファイア》.

火《ひ》のないところにけむりは立《た》たない

意《い》味《み》 うわさになるのは，なにか原因《げんいん》がある。

ことわざの中《なか》には、もともと英語《えいご》だったものもあるんだよ。

1

たのしもう!

オリジナル いろはかるた大会《たいかい》

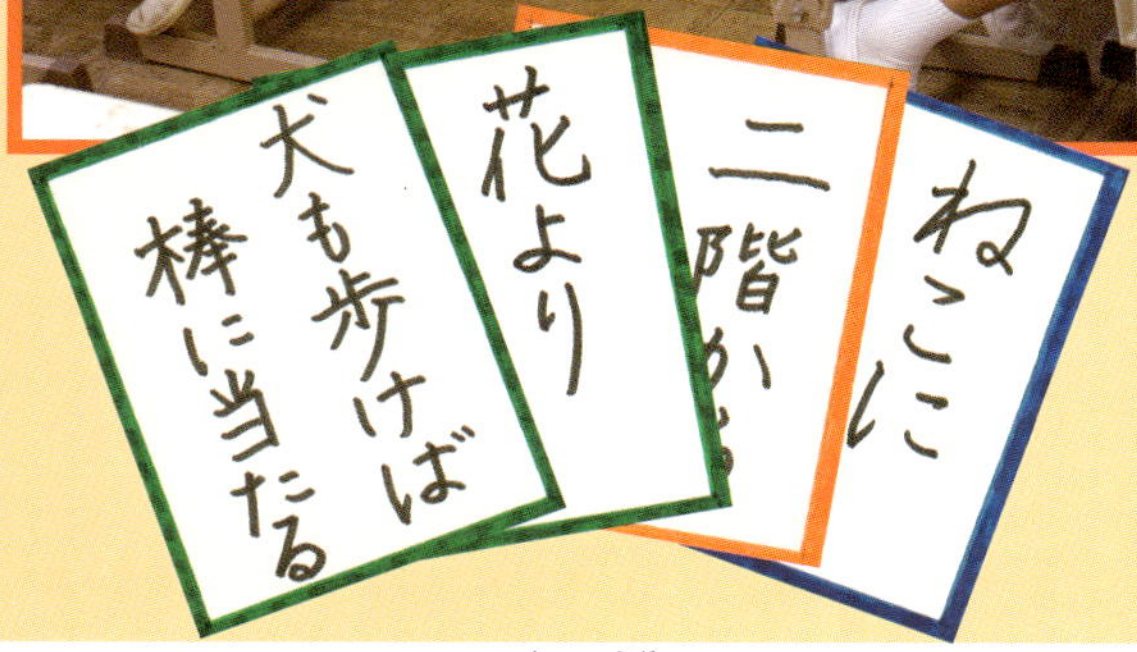

▲読《よ》み札《ふだ》。

▲取《と》り札《ふだ》。

「いろはかるた」ってなに?

江戸時代《えどじだい》のなかごろに、京都《きょうと》・大阪《おおさか》で生《う》まれたかるたのことだよ。読《よ》み札《ふだ》には、「いろは歌《うた》」の四十七《よんじゅうなな》文字《もじ》と、「京《きょう》」の文字《もじ》を加《くわ》えた合計四十八《ごうけいよんじゅうはち》文字《もじ》で始《はじ》まることわざが書《か》かれていて、それを絵《え》にした取《と》り札《ふだ》を取《と》って遊《あそ》ぶんだ。

現在《げんざい》では、江戸《えど》かるた・上方《かみがた》かるたなどがあって、それぞれ地域《ちいき》によって書《か》かれていることわざがちがうんだよ。

いろは歌《うた》

いろはにほへと　色《いろ》はにほ《お》へ《え》ど
色《いろ》は美《うつく》しく照《て》ってはえていても
ちりぬるを　散《ち》りぬるを
(花《はな》は)散《ち》ってしまうものである
わかよたれそ　わが世《よ》たれぞ
わたしたちのこの世《よ》のだれが
つねならむ　常《つね》ならむ《ん》
永久《えいきゅう》に変《か》わらないことがあろうか
うゐ《い》のおくやま　有為《うい》の奥山《おくやま》
いろいろなことがある(人生《じんせい》の)深《ふか》い山《やま》を
けふこえて　今日《きょう》こえて
今日《きょう》もこえて(いくのだが)
あさきゆめみし　浅《あさ》き夢《ゆめ》見《み》じ
浅《あさ》い夢《ゆめ》など見《み》ることはしない
ゑ《え》ひもせす　酔《え》ひ《い》もせず
心《こころ》をまどわされもしない

※「江戸《えど》」は現在《げんざい》の東京《とうきょう》,「上方《かみがた》」は京都《きょうと》・大阪地方《おおさかちほう》のことです。

オリジナルいろはかるたのつくり方《かた》・遊《あそ》び方《かた》

1 テーマを決《き》める

どんなテーマでことわざを集《あつ》めるか、グループ（五《ご》～六人《ろくにん》）で話《はな》し合《あ》いましょう。

ことわざにはいろんな動《どう》物《ぶつ》が出《で》てくるから、動物《どうぶつ》でつくるのはどうかな。

「情《なさ》けは人《ひと》のためならず」のように、大切《たいせつ》なことを教《おし》えてくれるものがいいな。

にた使《つか》い方《かた》のものや、反《はん》対《たい》の意《い》味《み》のものでつくるのもおもしろいと思《おも》うよ。

2 ことわざを集《あつ》める

ことわざ辞《じ》典《てん》などを参《さん》考《こう》に、グループ全《ぜん》員《いん》で集《あつ》めます。最《さい》初《しょ》の文《も》字《じ》が同《おな》じものがあっても、「い・ろ・は…」の四《よん》十《じゅう》七《なな》文《も》字《じ》がそろわなくてもかまいません。

「あ行《ぎょう》」「か行《ぎょう》」など、行《ぎょう》ごとに分《ぶん》担《たん》するといいね。

3 札《ふだ》をつくる

画《が》用《よう》紙《し》などの厚《あつ》めの紙《かみ》を切《き》り、読《よ》み札《ふだ》と取《と》り札《ふだ》をつくります。札《ふだ》の裏《うら》面《めん》にはきれいな紙《かみ》や布《ぬの》をはると立《りっ》派《ぱ》なかるたになります。

例《れい》 ねこに小《こ》判《ばん》

ねこに
小判

▲読《よ》み札《ふだ》　ことわざを書《か》く。

ね

▲取《と》り札《ふだ》　最《さい》初《しょ》の一文字《ひともじ》と絵《え》をかく。

▲裏《うら》面《めん》　紙《かみ》や布《ぬの》をはる。

4 つくったかるたで大会《たいかい》を開《ひら》く

グループの中《なか》で読《よ》み手《て》を一人《ひとり》決《き》め、ほかの人《ひと》は札《ふだ》を取《と》ります。個《こ》人《じん》戦《せん》、チーム戦《せん》などいろいろ工《く》夫《ふう》しましょう。また、別《べつ》のグループとかるたをこうかんするのも楽《たの》しいでしょう。

かるた大会《たいかい》を工夫《くふう》すると、いろんなことわざが覚《おぼ》えられるね。

Step《ステップ》 up《アップ》 ルールを変《か》えてみよう！

グループで話《はな》し合《あ》って、少《すこ》しずつむずかしくしていくのもいいでしょう。

読《よ》み札《ふだ》のことわざの前《まえ》に意《い》味《み》を簡《かん》単《たん》に書《か》いておいて、それから読《よ》むようにするんだ。意《い》味《み》だけで取《と》り札《ふだ》が取《と》れたら、ボーナスポイントをあげるというのはどうかな。

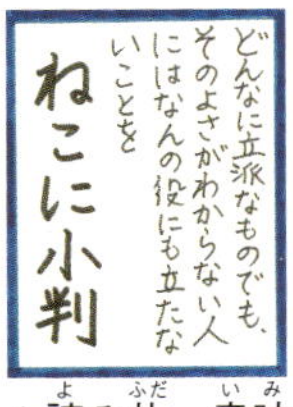
どんなに立派なものでも、
そのよさがわからない人
にはなんの役にも立たな
いことを
ねこに小判

▲読《よ》み札《ふだ》　意《い》味《み》を書《か》いておく。

いろはかるたのちがいを調《しら》べよう！

図書館《としょかん》などで，それぞれの地域《ちいき》のいろはかるたを調《しら》べてみよう。

	い	ろ	は
江戸《えど》	犬《いぬ》も歩《ある》けば棒《ぼう》に当《あ》たる	論《ろん》より証拠《しょうこ》	花《はな》より団子《だんご》
上方《かみがた》	一寸先《いっすんさき》は闇《やみ》	論語読《ろんごよ》みの論語知《ろんごし》らず	針《はり》の穴《あな》から天《てん》のぞく

Let's try !

2

つくろう！

オリジナルことわざ辞典《じてん》

▶食《た》べ物《もの》のことわざ辞典《じてん》。

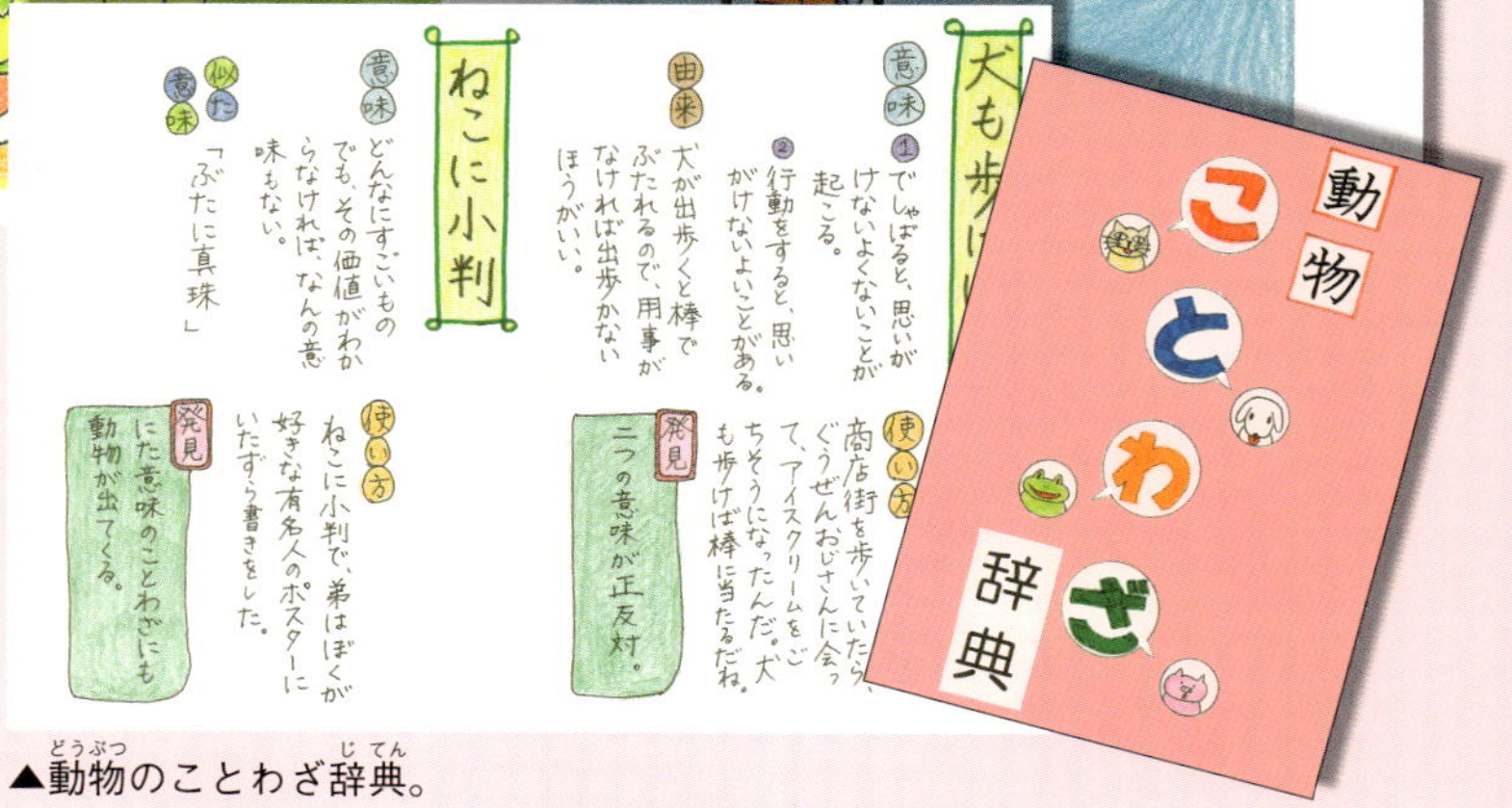

▲動物《どうぶつ》のことわざ辞典《じてん》。

▲ことわざ辞典《じてん》をつくっているところ。

「ことわざ辞典《じてん》」ってなに？

たくさんのことわざを集《あつ》めた本《ほん》で、ことわざの意味《いみ》や使《つか》い方《かた》、由来《ゆらい》などがくわしく書《か》いてあるんだ。大人用《おとなよう》の厚《あつ》い辞典《じてん》だけではなく、子《こ》ども用《よう》にわかりやすくまとめられた辞典《じてん》もあるよ。オリジナルの辞典《じてん》をつくる前《まえ》に、図書《としょ》館《かん》でいろいろなものを見《み》てみよう。

オリジナルことわざ辞典《じてん》のつくり方《かた》

1 テーマを決《き》める

ことわざ辞典《じてん》などを参考《さんこう》にしながら、どんなテーマがいいかを考《かんが》えましょう。

例《れい》

- 数字《すうじ》が出《で》てくることわざ
- 食《た》べ物《もの》が出《で》てくることわざ
- 人生《じんせい》の教訓《きょうくん》を表《あらわ》すことわざ

2 ことわざを集《あつ》める

テーマが決《き》まったらことわざを集《あつ》めます。ことわざ辞典《じてん》などを活用《かつよう》しましょう。

3 書《か》く内容《ないよう》を工夫《くふう》する

どんなことを書《か》いたらいいか考《かんが》えます。友達《ともだち》と相談《そうだん》するのもいいでしょう。

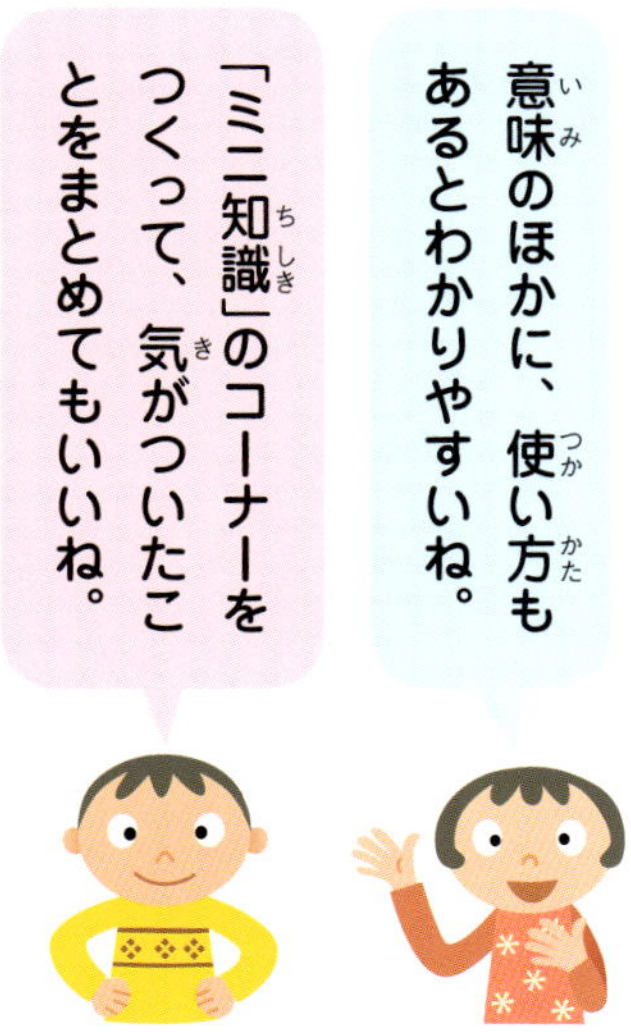
意味《いみ》のほかに、使《つか》い方《かた》もあるとわかりやすいね。
「ミニ知識《ちしき》」のコーナーをつくって、気《き》がついたことをまとめてもいいね。

4 辞典《じてん》をつくる

内容《ないよう》が決《き》まったら、厚紙《あつがみ》に書《か》いて本《ほん》の形《かたち》に仕上《しあ》げます。色《いろ》えんぴつなどを使《つか》ったり、イラストをかいたりして、見《み》やすく楽《たの》しい紙面《しめん》を工夫《くふう》しましょう。

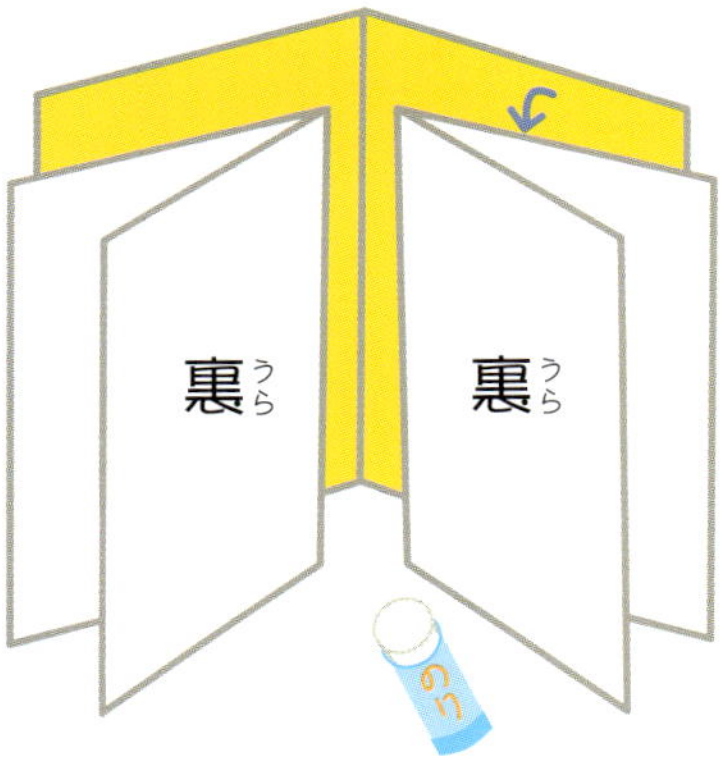
裏《うら》
裏《うら》
のり

▲二《ふた》つに折《お》った厚紙《あつがみ》をのりなどではり合《あ》わせ, 色画用紙《いろがようし》で表紙《ひょうし》をつける。

5 つくった辞典《じてん》を紹介《しょうかい》する

発表会《はっぴょうかい》などを開《ひら》いて、テーマの決《き》め方《かた》やまとめた内容《ないよう》、紙面《しめん》のかき方《かた》など、工夫《くふう》したところを紹介《しょうかい》し合《あ》いましょう。

みんなの辞典《じてん》を見《み》ると、ことわざが、いろいろなテーマに分《わ》けられるのがわかっておもしろいね。
○○辞典
○○辞典

ステップ アップ Step up

大辞典《だいじてん》をつくろう！

みんなでつくった辞典《じてん》をまとめると、「オリジナルことわざ大辞典《だいじてん》」ができます。最初《さいしょ》に、テーマ別《べつ》に担当《たんとう》を決《き》めておくといいでしょう。

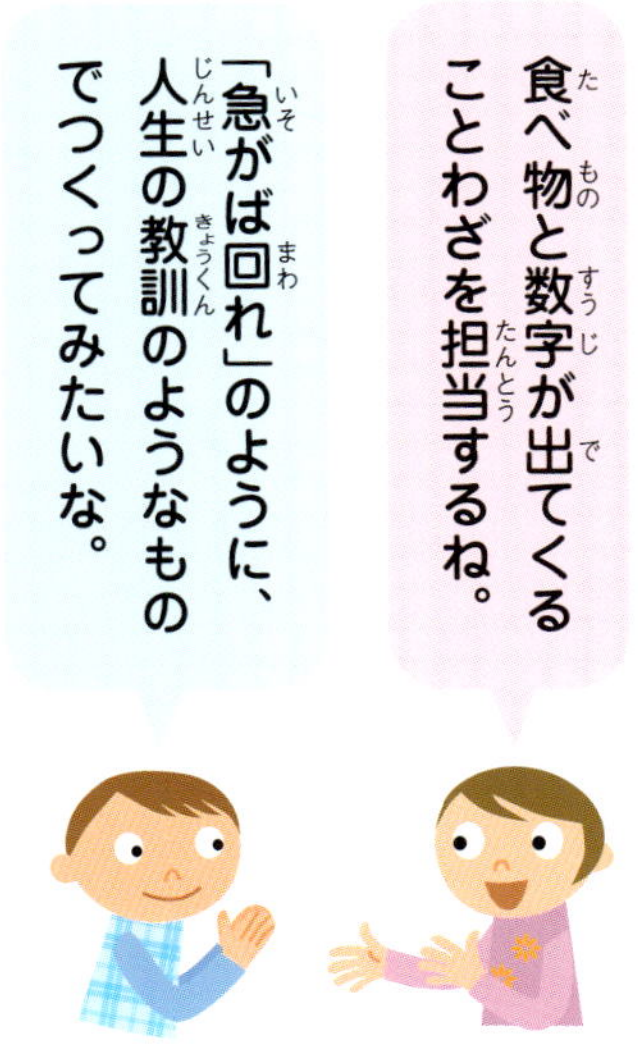
食《た》べ物《もの》と数字《すうじ》が出《で》てくることわざを担当《たんとう》するね。
「急《いそ》がば回《まわ》れ」のように、人生《じんせい》の教訓《きょうくん》のようなものでつくってみたいな。

オリジナルことわざをつくろう！

ふだんの生活《せいかつ》で, なるほどと思《おも》うことばに出会《であ》ったことはあるかな。それらをヒントに, オリジナルのことわざをつくってみよう。

勉強《べんきょう》は未来《みらい》なり

[もとのことわざ]時《とき》は金《かね》なり

地球《ちきゅう》の心人知《こころひとし》らず

[もとのことわざ]親《おや》の心子知《こころこし》らず

空腹《くうふく》の者《もの》は給食《きゅうしょく》のおかわりを喜《よろこ》ぶ

[もとのことわざ]おぼれる者《もの》はわらをもつかむ

慣《かん》用《よう》句《く》

ただいま～
おそかったわね。
見《み》て。河原《かわら》にきれいなたんぽぽがさいていたんだ。
本当《ほんとう》に「道草《みちくさ》を食《く》う」のが好《す》きよねえ。
モグ
モグ
えっ？
まったく
給食《きゅうしょく》は食《た》べたけど……、道《みち》で草《くさ》なんて食《た》べてないよ。
おはは
ちがうのよ。目的地《もくてきち》にまっすぐ向《む》かわずに寄《よ》り道《みち》することを「道草《みちくさ》を食《く》う」っていうのよ。
夢中《むちゅう》になっていると、確《たし》かにおなかがすくね。
おやつちょうだい！

体《からだ》の部分《ぶぶん》の名前《なまえ》がたくさん出《で》てくるね。
よく使《つか》われることばがいっしょになって，別《べつ》の意味《いみ》になるのがおもしろいね。
知《し》らずに使《つか》っている慣用句《かんようく》もあるよ。

慣用句《かんようく》ってなに？

古《ふる》くから習慣的《しゅうかんてき》に使《つか》われている、決《き》まった言《い》い回《まわ》しのことばだよ。二《ふた》つ以《い》上《じょう》のことばが結《むす》びついて、別《べつ》の意味《いみ》を表《あらわ》しているんだ。顔《かお》や手《て》・足《あし》などの体《からだ》の部分《ぶぶん》の名前《なまえ》や動物《どうぶつ》・植物《しょくぶつ》などの名前《なまえ》を使《つか》った、おもしろい表現《ひょうげん》がたくさんあるんだよ。

慣用句《かんようく》絵巻《えまき》
○月×日
尾《お》ひれがつく
買《か》って出《で》る
首《くび》をかしげる
口《くち》をとがらせる
油《あぶら》を売《う》る
お安《やす》い御用《ごよう》
目《め》を見《み》はる
聞《き》き耳《みみ》を立《た》てる
耳《みみ》を貸《か》す
お茶《ちゃ》の子《こ》さいさい
かたをならべる
わき目《め》もふらず
頭《あたま》をかかえる
算数
80点
90点
90点
ほぼ満点!
さばを読《よ》む
地団駄《じだんだ》をふむ
うり二《ふた》つ
ぼくも。
95点
うのみにする
すごい!
すずめのなみだ
おこづかいアップ!
だいじょうぶ。胸をはって!
胸《むね》をはる
すずしい顔《かお》
馬《うま》が合《あ》う
二《に》の足《あし》をふむ
まゆをひそめる

いろいろな慣《かん》用《よう》句《く》

慣用句《かんようく》は、知《し》っていることばの組《く》み合《あ》わせが多《おお》いよ。使《つか》ったことがあるものから新《あたら》しく覚《おぼ》えたいものまで、くわしく見《み》ていこう。

頭《あたま》をかかえる

意《い》味《み》

どうしたらいいのかわからなくて、頭《あたま》をかかえこむほどこまっている。

使《つか》い方《かた》

「そんなに暗《くら》い顔《かお》をして、どうかしたの。」

「算数《さんすう》の宿題《しゅくだい》がむずかしい問題《もんだい》ばかりで、頭《あたま》をかかえているんだ。」

油《あぶら》を売《う》る

意《い》味《み》

やらなければならないことをなまけて、むだ話《ばなし》をしている。

使《つか》い方《かた》

「おつかいをたのんでいたのに、こんな時間《じかん》まで、どこで油《あぶら》を売《う》っていたの。」

「公園《こうえん》でとなりのクラスの久美《くみ》ちゃんに会《あ》ったから、話《はなし》をしていたの。」

うのみにする

意《い》味《み》

本当《ほんとう》のことかわからないのに、人《ひと》のことばをすなおに信《しん》じる。

使《つか》い方《かた》

「人《ひと》の言《い》ったことを、うのみにしないほうがいいよ。」

「そうだね。自分《じぶん》でもちゃんと考《かんが》えてみるよ。」

「う」は水鳥《みずどり》のこと。魚《さかな》を丸《まる》のみするんだって。

馬《うま》が合《あ》う

意《い》味《み》

おたがいに気《き》が合《あ》うので、仲《なか》よくできる。

使《つか》い方《かた》

「健太君《けんたくん》には、なんでも話《はな》せるよ。」

「そう、二人《ふたり》はきっと馬《うま》が合《あ》うのね。」

うり二《ふた》つ

意《い》味《み》

二人《ふたり》の人《ひと》の顔《かお》や姿《すがた》がたいへんよくにている。

使《つか》い方《かた》

「この間《あいだ》、学君《まなぶくん》の弟《おとうと》に会《あ》ったんだ。あまりにそっくりだったから、学君《まなぶくん》とまちがえちゃったよ。」

「ぼくも会《あ》ったことがあるけど、うり二《ふた》つだね。」

えりを正《ただ》す

意《い》味《み》

これまでの姿勢《しせい》を改《あらた》めて、気持《きも》ちを入《い》れかえる。

使《つか》い方《かた》

「来年《らいねん》、実君《みのるくん》は受験《じゅけん》よね。」

「そうなのよ。やっと自覚《じかく》してきたみたいで、えりを正《ただ》してがんばると言《い》っているわ。」

おしが強《つよ》い

意《い》味《み》

自分《じぶん》の考《かんが》えや願《ねが》いをおし通《とお》そうとして、あきらめない。

使《つか》い方《かた》

「康夫君《やすおくん》、今度《こんど》の児童会《じどうかい》の会長選挙《かいちょうせんきょ》で投票《とうひょう》してもらおうと、みんなにお願《ねが》いしているよ。」

「おしの強《つよ》さは、なかなかすごいね。」

お茶《ちゃ》の子《こ》さいさい

意《い》味《み》

むずかしくなく、簡単《かんたん》にできる。

使《つか》い方《かた》

「少《すこ》し重《おも》いんだけれど、この荷物《にもつ》を二階《にかい》まで運《はこ》んでくれるかな。」

「いいよ。このくらいならお茶《ちゃ》の子《こ》さいさいだよ。」

「お茶《ちゃ》の子《こ》」は、お茶《ちゃ》といっしょに食《た》べるおかしのことだよ。

尾《お》ひれがつく

意《い》味《み》

ないものをまるであるかのようにつけ加《くわ》えられて、話《はなし》が大《おお》きくなる。

使《つか》い方《かた》

「飛行機《ひこうき》で旅行《りょこう》に行《い》くと言《い》ったら、いつの間《ま》にか尾《お》ひれがついて、フランスに行《い》くことになっていたよ。本《ほん》当《とう》は沖縄《おきなわ》なのに。」

「そうだったんだ。ぼくは、アメリカに行《い》くと聞《き》いていたよ。」

お安《やす》い御用《ごよう》

意《い》味《み》

人《ひと》になにかをたのまれたときに、簡《かん》単《たん》にできることを伝《つた》えることば。

使《つか》い方《かた》

「遊《あそ》びに行《い》く前《まえ》に、この回覧板《かいらんばん》をおとなりにとどけてきてくれないかしら。」

「それはお安《やす》い御用《ごよう》。今《いま》すぐ行《い》ってくるね。」

かたをならべる

意《い》味《み》

相手《あいて》と同《おな》じくらいの力《ちから》をもち、対等《たいとう》の位置《いち》に立《た》つ。

使《つか》い方《かた》

「大《おお》なわとびで、連続五十回《れんぞくごじっかい》とべてよかったね。」

「これで二組《にくみ》とかたをならべたね。」

買《か》って出《で》る

意《い》味《み》

自分《じぶん》から役目《やくめ》を引《ひ》き受《う》ける。

使《つか》い方《かた》

「その作業《さぎょう》は手間《てま》がかかるから、どの班《はん》もいやがっていたでしょう。」

「だから、人数《にんずう》がいちばん多《おお》いぼくらの班《はん》が買《か》って出《で》たんだ。」

気《き》が置《お》けない

意《い》味《み》

相手《あいて》のことをよく知《し》っているので、親《した》しくつき合《あ》える。

使《つか》い方《かた》

「この話《はなし》を弘君《ひろしくん》にしてもらえるかな。」

「いいよ。弘君《ひろしくん》とは昔《むかし》から気《き》が置《お》けない間《あいだ》がらだから。」

「親《した》しくできない」という意味《いみ》ではないので、気《き》をつけよう。

聞《き》き耳《みみ》を立《た》てる

意《い》味《み》

よく聞《き》こえない話《はなし》を聞《き》こうとして、じっと耳《みみ》をかたむける。

使《つか》い方《かた》

「二人《ふたり》がこそこそと話《はなし》をしていたから、聞《き》き耳《みみ》を立《た》てちゃったよ。」

「今度《こんど》のお楽《たの》しみ会《かい》の出《だ》し物《もの》を相談《そうだん》していたのよ。」

肝《きも》をつぶす

意《い》味《み》

とてもびっくりする。

使《つか》い方《かた》

「暗《くら》がりから、突然《とつぜん》なにかが飛《と》び出《だ》してきたから、肝《きも》をつぶしたよ。」

「でも、それは君《きみ》の家《いえ》の犬《いぬ》だったんだろう。」

「肝《きも》」は、物事《ものごと》に立《た》ち向《む》かう気《き》持《も》ちのことだよ。

口《くち》がかたい

意《い》味《み》

言《い》ってはいけないことを、言《い》わないでいられる。

使《つか》い方《かた》

「この話《はなし》は太一君《たいちくん》だけに話《はな》すんだから、ほかの人《ひと》には言《い》わないでね。」

「だいじょうぶ。ぼくは口《くち》がかたいんだ。」

口《くち》をとがらせる

意《い》味《み》

納得《なっとく》がいかないことがあって、不満《ふまん》そうな顔《かお》をする。

使《つか》い方《かた》

「美貴《みき》は、なんで口《くち》をとがらせているの。」

「さっきまで、お父《とう》さんにしかられていたのよ。」

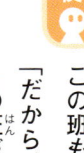

首《くび》をかしげる

意味《いみ》

疑問《ぎもん》に思《おも》ったり不思議《ふしぎ》に感《かん》じたりして、首《くび》を横《よこ》にかたむけて考《かんが》えこむ。

使《つか》い方《かた》

「むずかしい顔《かお》してどうしたの。」

「説明書《せつめいしょ》どおりにやっても、テレビがうつらないんだ。どうしてだろう。首《くび》をかしげてしまうよ。」

けりがつく

意味《いみ》

物事《ものごと》に決着《けっちゃく》がつく。

使《つか》い方《かた》

「部屋《へや》のかたづけ、やっとけりがついたよ。つかれたなあ。」

「朝《あさ》からやっていたもんね。よくがんばったから、ケーキをあげよう。」

「けり」とは、和歌《わか》や俳句《はいく》で終《お》わりに使《つか》われることが多《おお》いことばだよ。

さばを読《よ》む

意味《いみ》

自分《じぶん》が得《とく》をするように数《かず》をごまかす。

使《つか》い方《かた》

「歌手《かしゅ》の○○なんだけど、今十八《いまじゅうはっ》さいなんだって。」

「十八《じゅうはっ》さいには見《み》えないよ。だいぶ、さばを読《よ》んでいるね。」

地《じ》団駄《だんだ》をふむ

意味《いみ》

その場《ば》で強《つよ》く足《あし》ぶみをしながら、くやしがる。

使《つか》い方《かた》

「弟《おとうと》が、野球《やきゅう》チームのレギュラーに選《えら》ばれなくて、地団駄《じだんだ》をふんでくやしがっていたよ。」

「あんなに練習《れんしゅう》していたのに、残念《ざんねん》だったね。」

すずしい顔《かお》

意味《いみ》

自分《じぶん》がかかわっているのに、関係《かんけい》がない顔《かお》つきでいる。

使《つか》い方《かた》

「自分《じぶん》のことなのに、どうしてそんなにすずしい顔《かお》していられるの。」

「失敗《しっぱい》したことはしょうがないから、気持《きも》ちを切《き》りかえて、一《いち》からやり直《なお》そうと思《おも》っているんだ。」

すずめのなみだ

意味《いみ》

まるですずめが流《なが》すなみだのように、わずかな量《りょう》。

使《つか》い方《かた》

「かたをもんでくれたら、おこづかいをあげるってお父《とう》さんに言《い》われたんだ。」

「本当《ほんとう》。もらえてもすずめのなみだなんじゃない。」

太《たい》鼓判《こばん》をおす

意味《いみ》

まちがいがないことを保証《ほしょう》する。

使《つか》い方《かた》

「おばあちゃん、メロン、おいしかったよ。ありがとう。」

「それはよかったね。お店《みせ》の人《ひと》も、これはおいしいよと太鼓判《たいこばん》をおしていたメロンなんだよ。」

「太鼓判《たいこばん》」は大《おお》きなはんこのことだよ。

竹《たけ》を割《わ》ったよう

意味《いみ》

さっぱりとしていて、余計《よけい》なことにこだわらない。

使《つか》い方《かた》

「絵美《えみ》ちゃんって、竹《たけ》を割《わ》ったような性格《せいかく》で、気持《きも》ちがいいよね。」

「そうなの。だからみんなに人気《にんき》があるんだね。」

手《て》が出《で》ない

意味《いみ》

自分《じぶん》の力《ちから》では、どうすることもできない。

使《つか》い方《かた》

「この百科事典《ひゃっかじてん》は、役《やく》に立《た》ちそうだから、家《いえ》にほしいね。」

「あったら便利《べんり》だけど、高《たか》いから手《て》が出《で》ないよ。」

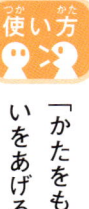

二《に》の足《あし》をふむ

意《い》味《み》

なにか行動《こうどう》をしようとするときに、どうしようかとためらう。

使《つか》い方《かた》

「プールの飛《と》びこみ台《だい》に上《あ》がったら、あまりの高《たか》さに二《に》の足《あし》をふんで、前《まえ》に出《で》られなかったよ。」

「でも、そのあと飛《と》びこめたんだから、勇気《ゆうき》があるね。」

「二《に》の足《あし》」は、二歩目《にほめ》ということだよ。

ねこをかぶる

意《い》味《み》

本当《ほんとう》の姿《すがた》を見《み》せずに、おとなしいふりをしている。

使《つか》い方《かた》

「元気《げんき》がいいね。今《いま》までねこをかぶっていたの。」

「新《あたら》しい環境《かんきょう》で少《すこ》し緊張《きんちょう》していたのかも。みんながよくしてくれるから、楽《らく》になったみたい。」

まゆをひそめる

意《い》味《み》

他人《たにん》の行動《こうどう》を不快《ふかい》に感《かん》じて、顔《かお》をしかめる。

使《つか》い方《かた》

「まゆをひそめて、どうしたの。」

「道《みち》にごみをすてた人《ひと》がいたのよ。」

道《みち》草《くさ》を食《く》う

意《い》味《み》

まっすぐに目的《もくてき》の場所《ばしょ》に向《む》かわないで、とちゅうで寄《よ》り道《みち》をする。

使《つか》い方《かた》

「ここで解散《かいさん》します。道草《みちくさ》を食《く》わないで帰《かえ》ってくださいね。」

「わかりました。まっすぐ家《いえ》に帰《かえ》ります。」

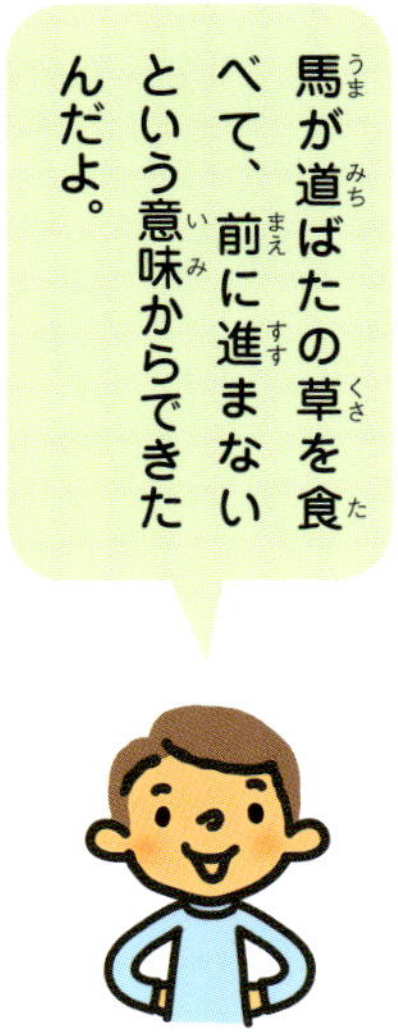
馬《うま》が道《みち》ばたの草《くさ》を食《た》べて、前《まえ》に進《すす》まないという意味《いみ》からできたんだよ。

耳《みみ》を貸《か》す

意《い》味《み》

相手《あいて》の話《はなし》を真剣《しんけん》に聞《き》く。

使《つか》い方《かた》

「ねえ、ちょっと耳《みみ》を貸《か》してほしいんだけど、いい。」

「どうしたの。なにかあったの。」

胸《むね》をはる

意《い》味《み》

背筋《せすじ》をのばして、堂々《どうどう》としている。

使《つか》い方《かた》

「決勝《けっしょう》でも勝《か》って、優勝《ゆうしょう》したかったなあ。」

「でも立派《りっぱ》な準優勝《じゅんゆうしょう》だよ。胸《むね》をはって帰《かえ》ろう。」

目《め》くじらを立《た》てる

意《い》味《み》

つまらないことを、取《と》り立《た》てて指摘《してき》する。

使《つか》い方《かた》

「おはしの持《も》ち方《かた》ぐらいで目《め》くじらを立《た》てないでよ。」

「家《いえ》の中《なか》で気《き》をつけておけば、外《そと》に出《で》たときに、はずかしい思《おも》いをしなくてすむのよ。」

「目《め》くじら」は、目《め》じりのことだよ。

目《め》を見《み》はる

意《い》味《み》

すばらしいものなどを見《み》ておどろく。

使《つか》い方《かた》

「サーカスを見《み》に行《い》ったんだってね。どうだった。」

「みんなすごかったなあ。とくに、つなわたりには、目《め》を見《み》はったよ。」

わき目《め》もふらず

意《い》味《み》

よそ見《み》をしないで、一《ひと》つのことに熱中《ねっちゅう》している。

使《つか》い方《かた》

「幸治《こうじ》は、ずっと部屋《へや》にこもってなにをしているの。」

「テストが近《ちか》いから、わき目《め》もふらずに勉強《べんきょう》しているのよ。」

Let's enjoy!

1 たのしもう！

慣《かん》用《よう》句《く》ゲーム

▲慣用句《かんようく》ゲームをしているところ。

慣用句《かんようく》ゲームってなに？

「お題《だい》」に合《あ》わせた慣用句《かんようく》を、チーム対抗《たいこう》で出《だ》し合《あ》うゲームだよ。

「お題《だい》」は、体《からだ》の部分《ぶぶん》や動物《どうぶつ》・植物《しょくぶつ》の名前《なまえ》、動《うご》きや様子《ようす》を表《あらわ》すことばなどから選《えら》ぼう。ゲームを通《とお》して、たくさんの慣用句《かんようく》を楽《たの》しく覚《おぼ》えることができるよ。

慣用句《かんようく》ゲームの遊《あそ》び方《かた》

1 お題《だい》を決《き》めて慣用句《かんようく》を集《あつ》める

まず、三《さん》～五人《ごにん》で一組《ひとくみ》のチームをつくりましょう。それぞれのチームで、お題《だい》とすることばを決《き》め、そのことばをふくむ慣用《かんよう》句《く》を集《あつ》めます。辞典《じてん》やことばの本《ほん》を利用《りよう》しましょう。お題《だい》は、必《かなら》ずいくつかの慣用句《かんようく》が言《い》えるものにします。

●「手《て》」をふくむ慣用句《かんようく》
例《れい》「手《て》を打《う》つ」「手《て》を焼《や》く」

●動物《どうぶつ》をふくむ慣用句《かんようく》
例《れい》「ねこをかぶる」「すずめのなみだ」

●同《おな》じ動《うご》きや様子《ようす》を表《あらわ》すことばをふくむ慣《かん》用句《ようく》
例《れい》「口《くち》を出《だ》す」「しっぽを出《だ》す」

ほかにもいろいろなお題《だい》をつくれるよ。

2 ほかのチームのお題《だい》を予想《よそう》する

出題《しゅつだい》する慣用句《かんようく》を調《しら》べ終《お》わったら、ほかのチームのお題《だい》を予想《よそう》して、その慣用句《かんようく》を集《あつ》めます。1と同《おな》じように、辞典《じてん》やことばの本《ほん》を利用《りよう》しましょう。

この本《ほん》の「いろいろな慣《かん》用句《ようく》」（16～19ページ）を参考《さんこう》にしてもいいよ。

なるべく多《おお》く集《あつ》めておくと、ゲームのときに有利《ゆうり》になるよ。

3 慣用句《かんようく》ゲームをする

①三《さん》または四《よん》チームでゲームをします。

②出題《しゅつだい》チームを一《いっ》チーム決《き》めます。それ以《い》外《がい》は解答《かいとう》チームです。

③参加《さんか》するチームが用意《ようい》しておくお題《だい》の数《かず》は、あらかじめ決《き》めておきます。（たとえば五《いつ》つ）

④出題《しゅつだい》チームは、用意《ようい》したお題《だい》から一《ひと》つを選《えら》んで、画用紙《がようし》などに書《か》いてしめします。

お題《だい》は、「動物《どうぶつ》」です。「動物《どうぶつ》」がふくまれる慣用句《かんようく》を言《い》ってください。じゃんけんで勝《か》ったチームから順番《じゅんばん》にお願《ねが》いします。

⑤解答《かいとう》チームは、集《あつ》めておいた慣用句《かんようく》を参《さん》考《こう》にしながら、順番《じゅんばん》にお題《だい》に合《あ》う慣用句《かんようく》を言《い》います。

⑥答《こた》えが正《ただ》しいかどうかは、出題《しゅつだい》チームが判定《はんてい》します。判定《はんてい》がむずかしい場合《ばあい》は辞《じ》典《てん》などを使《つか》ってもかまいません。まちがえたり、答《こた》える慣用句《かんようく》がなくなったりしたら、今度《こんど》はそのチームが出題《しゅつだい》チームになります。

⑦交代《こうたい》したチームは、同《おな》じようにお題《だい》を出《だ》します。ただし、一度《いちど》出《で》たお題《だい》は使《つか》えません。

⑧用意《ようい》したお題《だい》がなくなったチームが出《で》たら、ゲームは終了《しゅうりょう》です。この時点《じてん》で、いちばん多《おお》く出題《しゅつだい》チームになったチームが負《ま》けとなります。ただし、最初《さいしょ》の出題《しゅつだい》は回数《かいすう》に入《い》れません。

なれてきたら、意味《いみ》と使《つか》い方《かた》もいっしょに言《い》うようにしてもいいね。

2

演《えん》じよう！

慣《かん》用《よう》句《く》コント

Let's play！

台《だい》本《ほん》例《れい》

カン　「カンちゃんでえす。」

ヨウ　「ヨウちゃんでえす。」

二人　*声をそろえて*
「二人《ふたり》そろってカンヨウくんでえす。」

カン　*無表情で*
「慣用句《かんようく》コント。」

ヨウ　*無表情で、目を指さしながら*
「目《め》。」

カン　*えがおで*
「昨日《きのう》おばあちゃんに、孫《まご》は目《め》の中《なか》に入《い》れても痛《いた》くないって言《い》われたんですよ。」

ヨウ　*おどろいた表情で*
「へえ。目《め》の中《なか》に人《ひと》を入《い》れられるんですか。カンちゃんのおばあさんはすごいですねえ。」

カン　*間をあけずにずっこけたあと、笑顔で*
「入《い》れるかい！　目《め》に入《い》れられるくらいかわいいってことですよ。かわいさに目《め》を細《ほそ》くするともいいますけどね。」

ヨウ　*まぶしそうに目を細めながら*
「目《め》を細《ほそ》くしたら、孫《まご》もなにも見《み》えないですねえ。」

カン　*横目でヨウちゃんを見る*
「こら、まぶしいんかい！
あきれたように
まったく……。ふざけてばかりいると、先生《せんせい》に大目玉《おおめだま》を食《く》わされますよ。」

ヨウ　*とても残念そうに*
「うーん。どちらかと言《い》えば、ゆで卵《たまご》のほうが好《す》きなんですけどねえ。」

カン　*少しおこったように*
「大目玉《おおめだま》は、大《おお》きな目玉焼《めだまや》きのことじゃないの！　いいかげんにしなさい。」

二人　*声をそろえて、元気に*
「では、またお目《め》にかかりましょう。カンヨウくんでしたあ。」

▲慣用句《かんようく》コントを演《えん》じているところ。

慣用句《かんようく》コントってなに？

慣用句《かんようく》を使《つか》ってつくった、「落《お》ち」のある短《みじか》い話《はなし》のことだよ。わざととぼけたことを言《い》う「ボケ」と、それに対《たい》しておかしなところを指摘《してき》する「ツッコミ」とが、二人一組《ふたりひとくみ》になって演《えん》じるんだ。慣用句《かんようく》の意味《いみ》の取《と》りちがえなどから、聞《き》いている人《ひと》を笑《わら》わすことのできるコントをつくってみよう。

慣用句《かんようく》コントのつくり方《かた》・演《えん》じ方《かた》

1 慣用句《かんようく》を決《き》める

辞典《じてん》などを使《つか》って、コントをつくるのにおもしろそうな慣用句《かんようく》を集《あつ》めましょう。

例《れい》
- 油《あぶら》を売《う》る
- 鼻《はな》が高《たか》い
- ねこの額《ひたい》

この本《ほん》の「いろいろな慣《かん》用句《ようく》」(16～19ページ)も参考《さんこう》にしながら、集《あつ》めてみよう。

2 コントの内容《ないよう》を考《かんが》える

コントをつくるときに気《き》をつけたいことを整理《せいり》し、内容《ないよう》の工夫《くふう》を考《かんが》えてみましょう。

二人《ふたり》の意味《いみ》の取《と》りちがいで考《かんが》えようかな。

慣用句《かんようく》の意味《いみ》をきちんとおさえて、せりふとしてうまく使《つか》いたいね。

3 台本《だいほん》を書《か》く

役割分担《やくわりぶんたん》や間《ま》の取《と》り方《かた》のほかに、表現《ひょうげん》のしかたなども書《か》きこみましょう。

カン	無表情で 「慣用句コント。」
ヨウ	無表情で、目を指さし 「目。」
カン	えがおで 「昨日おばあちゃ 目の中に入れて て言われたんで

気《き》をつけたいところに、マーカーなどで印《しるし》を付《つ》けておくといいね。

4 コントを発表《はっぴょう》する

練習《れんしゅう》をして、みんなの前《まえ》で発表《はっぴょう》しましょう。

みんなの発表《はっぴょう》を聞《き》いて、おもしろかった点《てん》、工夫《くふう》していた点《てん》などを話《はな》し合《あ》ってみよう。

ステップ アップ Step up 一人二役《ひとりふたやく》で演《えん》じよう！

ボケとツッコミを一人《ひとり》で演《えん》じてみるのもいいでしょう。登場人物《とうじょうじんぶつ》の性格《せいかく》に合《あ》わせて、声《こえ》の調子《ちょうし》を変《か》えるなど工夫《くふう》してみましょう。

人形《にんぎょう》を使《つか》って、二役《ふたやく》を演《えん》じ分《わ》けてもいいね。

笑《わら》わせるこつを知《し》ろう！

コントを発表《はっぴょう》するときには，笑《わら》いがとれるように工夫《くふう》しよう。笑《わら》わせる“こつ”を覚《おぼ》えて，楽《たの》しく演《えん》じることができるかな。

「小道具《こどうぐ》」のこ

目《め》を引《ひ》く衣装《いしょう》を身《み》につけたり，ハリセンやちょうネクタイなどの小道具《こどうぐ》を工夫《くふう》する。

「ツカミ」のつ

登場《とうじょう》するときや演《えん》じ始《はじ》めるときに，大《おお》げさなポーズや身《み》ぶりをして，出《で》だしで聞《き》く人《ひと》の心《こころ》をつかむ。

故《こ》事《じ》成《せい》語《ご》

1
これはぼくのケーキだよ。
ちがうよ。わたしのケーキよ。
2
じゃあ、お母《かあ》さんに聞《き》いてみようよ！
いいよ。
3
お母《かあ》さん、あのケーキはだれの……？
ああっ、お父さん！
4
あれ？ 食《た》べちゃいけなかったの？
こういうのを「漁夫《ぎょふ》の利《り》」というのよ。

故事成語《こじせいご》ってなに？

主《おも》に、中国《ちゅうごく》に昔《むかし》から伝《つた》わる物語《ものがたり》やいわれ（故事《こじ》）をもとにしてつくられたことばのことだよ。ひと言《こと》の中《なか》に、生《い》きていくうえで役《やく》に立《た》つ知恵《ちえ》や知識《ちしき》がいっぱいつまっているよ。むずかしいことばが多《おお》いけど、故事《こじ》がわかると、なるほどと思《おも》えるものがたくさんあるんだ。

漢字《かんじ》といっしょに，いろいろなことが中国《ちゅうごく》から伝《つた》わっているんだね。
漢字《かんじ》が多《おお》くてむずかしそうだけど，覚《おぼ》えやすいリズムだよね。
大人《おとな》が使《つか》っているのを聞《き》いたことがあるよ。

故事成語絵巻《こじせいごえまき》
覆水盆《ふくすいぼん》に返《かえ》らず
甲子園
登竜門《とうりゅうもん》
どんなバットでも打てないボール。
紅一点《こういってん》
どんなボールでも打てるバット。
矛盾《むじゅん》
テストまであと1日
背水《はいすい》の陣《じん》
推敲《すいこう》
呉越同舟《ごえつどうしゅう》
画竜点睛《がりょうてんせい》
すごい。
大器晩成《たいきばんせい》
お母さん。
蛇足《だそく》
どっちもどっち。
テスト 50
テスト 60
五十歩百歩《ごじっぽひゃっぽ》
逆鱗《げきりん》にふれる
やりすぎ。
助長《じょちょう》
漁夫《ぎょふ》の利《り》
深い？
杞憂《きゆう》

いろいろな故《こ》事《じ》成《せい》語《ご》

故事成語《こじせいご》には、古《ふる》くから伝《つた》わるいわれがあるんだ。それを知《し》れば、ことばへの関《かん》心《しん》がもっと深《ふか》まるはずだよ。

一《いっ》炊《すい》の夢《ゆめ》

意味《いみ》

人《ひと》の世《よ》は、栄《さか》えたりほろびたりして、とてもはかないものだということ。

使《つか》い方《かた》

彼《かれ》の栄光《えいこう》は長《なが》く続《つづ》かず、今思《いまおも》えば一《いっ》炊《すい》の夢《ゆめ》のようだった。

いわれ

ある若者《わかもの》が、邯鄲《かんたん》という町《まち》で不思議《ふしぎ》なまくらを借《か》りてねむったところ、結婚《けっこん》して子《こ》どもにめぐまれ、出世《しゅっせ》し長生《ながい》きするといういい夢《ゆめ》を見《み》た。しかし、目覚《めざ》めると、実際《じっさい》は宿《やど》の主人《しゅじん》がた(炊《た》)いていたあわ(穀物《こくもつ》)がまだにえきらない、わずかな時間《じかん》だった。人《ひと》の世《よ》の出世《しゅっせ》や成功《せいこう》も、この夢《ゆめ》と同《おな》じはかないものだということから。

「邯鄲《かんたん》の夢《ゆめ》」ともいうよ。

鼎《かなえ》の軽重《けいちょう》を問《と》う

意味《いみ》

権力《けんりょく》のある人《ひと》の実力《じつりょく》を疑《うたが》うこと。

使《つか》い方《かた》

この判断《はんだん》の結果《けっか》に、社長《しゃちょう》の鼎《かなえ》の軽重《けいちょう》が問《と》われる。

いわれ

「鼎《かなえ》」とは、昔《むかし》の中国《ちゅうごく》で使《つか》われた三本《さんぼん》足《あし》の大《おお》きなかまのことで、権力《けんりょく》の象《しょう》徴《ちょう》。楚《そ》の国《くに》の人《ひと》が天下《てんか》を取《と》ろうとして、そのときの王《おう》の鼎《かなえ》の重《おも》さをたずねたことから。

画《が》竜点睛《りょうてんせい》

意味《いみ》

物《もの》を完成《かんせい》させるために大切《たいせつ》な、最後《さいご》の仕上《しあ》げのこと。

使《つか》い方《かた》

あの人《ひと》のやることは、いつも画竜点《がりょうてん》睛《せい》を欠《か》くんだ。

いわれ

有名《ゆうめい》な画家《がか》がかいた竜《りゅう》の絵《え》に、「瞳《ひとみ》(睛《せい》)」がなかった。目《め》をかくと天《てん》にのぼっていくと言《い》ってかかなかったためだ。人々《ひとびと》が、目《め》がないのはおかしいと言《い》うのでかきこむと、絵《え》の中《なか》の竜《りゅう》が天《てん》にのぼっていってしまったというお話《はなし》から。

「睛《せい》」の字《じ》は、「晴《は》れ」とまちがえないように気《き》をつけよう。

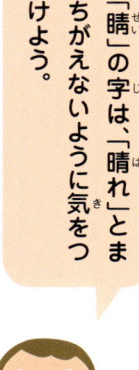

杞《き》憂《ゆう》

意味《いみ》

しなくてもいい心配《しんぱい》のこと。

使《つか》い方《かた》

うまくいくか、あれこれと心配《しんぱい》したけれど、結局《けっきょく》杞憂《きゆう》に終《お》わったよ。

いわれ

昔《むかし》、中国《ちゅうごく》の杞《き》という国《くに》に、天《てん》が落《お》ち、地《ち》がくずれてしまうのではないかと心配《しんぱい》し、食事《しょくじ》ものどを通《とお》らず、夜《よる》もねむれない人《ひと》がいた。何度《なんど》もだいじょうぶだと言《い》い聞《き》かせ、ようやく安心《あんしん》したということから。

「憂《ゆう》」には、心配《しんぱい》するという意味《いみ》があるよ。

漁《ぎょ》夫《ふ》の利《り》

意味《いみ》

二《ふた》つのものが争《あらそ》っている間《あいだ》に、別《べつ》のものが得《とく》をしてしまうということ。

使《つか》い方《かた》

A社《エーしゃ》とB社《ビーしゃ》がきそっているすきに、C社《シーしゃ》が漁夫《ぎょふ》の利《り》を得《え》ていちばん利益《りえき》を上《あ》げた。

いわれ

昔《むかし》、中国《ちゅうごく》で、ひなたぼっこをしていた貝《かい》をしぎ(鳥《とり》)が食《た》べようとしたところ、貝《かい》はからをとじて、しぎのくちばしをはさんだ。おたがい放《はな》そうとせずに争《あらそ》っていると、たまたま通《とお》りかかった漁師《りょうし》が、両方《りょうほう》ともつかまえてしまったということから。

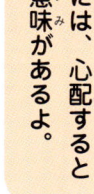

蛍《けい》雪《せつ》の功《こう》

意《い》味《み》

苦労《くろう》して勉強《べんきょう》した結果《けっか》、得《え》たもの。

使《つか》い方《かた》

兄《あに》の合格《ごうかく》は、まさに蛍雪《けいせつ》の功《こう》だ。

いわれ

昔《むかし》、中国《ちゅうごく》で、夏《なつ》の夜《よる》は蛍《ほたる》の明《あ》かりで勉強《べんきょう》した人《ひと》と、冬《ふゆ》の夜《よる》は雪明《ゆきあ》かりで勉強《べんきょう》した人《ひと》がいたということから。

逆《げき》鱗《りん》にふれる

意《い》味《み》

目上《めうえ》の人《ひと》に激《はげ》しくおこられること。

使《つか》い方《かた》

いいかげんなプレーをして、かんとくの逆鱗《げきりん》にふれてしまった。

いわれ

竜《りゅう》のあごの下《した》には、逆《さか》さまのうろこ(鱗《りん》)があるとされた。そのうろこにふれると、竜《りゅう》がおこって、ふれた人《ひと》を殺《ころ》してしまうといわれたことから。

紅《こう》一点《いってん》

意《い》味《み》

たくさんの男《おとこ》の人《ひと》の中《なか》に、一人《ひとり》だけ女《おんな》の人《ひと》がいること。

使《つか》い方《かた》

このチームでは、田中《たなか》さんが紅一点《こういってん》だね。

いわれ

中国《ちゅうごく》の詩《し》、「万緑叢中紅一点《ばんりょくそうちゅうこういってん》」(緑《みどり》の草《くさ》むらの中《なか》に赤《あか》い花《はな》がさいている)から。

呉《ご》越同舟《えつどうしゅう》

意《い》味《み》

仲《なか》の悪《わる》い者《もの》どうしが、同《おな》じ場所《ばしょ》にいたり、協力《きょうりょく》し合《あ》ったりすること。

使《つか》い方《かた》

今日《きょう》試合《しあい》をする相手《あいて》と、同《おな》じバスに乗《の》り合《あ》わせるなんて、呉越同舟《ごえつどうしゅう》だね。

いわれ

昔《むかし》、中国《ちゅうごく》にあった呉《ご》と越《えつ》という国《くに》は、仲《なか》が悪《わる》かった。あるとき、この二《ふた》つの国《くに》の人《ひと》が同《おな》じ船《ふね》に乗《の》ってあらしにあったとき、おたがいに助《たす》け合《あ》ったということから。

五《ご》十《じっ》歩《ぽ》百《ひゃっ》歩《ぽ》

意《い》味《み》

どちらもにていて、あまり変《か》わらないこと。

使《つか》い方《かた》

はっきりいって、君《きみ》たちの出《だ》した意《い》見《けん》は五十歩百歩《ごじっぽひゃっぽ》だよ。

いわれ

昔《むかし》、中国《ちゅうごく》で、戦場《せんじょう》から五十歩《ごじっぽ》はなれたところへにげた兵士《へいし》が、百歩《ひゃっぽ》はなれたところへにげた兵士《へいし》のことをおく病《びょう》だと笑《わら》った。しかし、にげたことでは、どちらも変《か》わらないということから。

孟子《もうし》という思想家《しそうか》が、王《おう》にせい治《じ》についてたずねられたときに話《はな》したことなんだ。

塞《さい》翁《おう》が馬《うま》

意《い》味《み》

人生《じんせい》では、いいこともよくないことも予測《よそく》がつかないということ。

使《つか》い方《かた》

失敗《しっぱい》したからってがっかりするなよ。人間万事塞翁《にんげんばんじさいおう》が馬《うま》なんだから。

いわれ

国境《こっきょう》のとりでの近《ちか》くに住《す》む老人《ろうじん》(塞《さい》翁《おう》)の馬《うま》がにげたが、しばらくすると、名馬《めいば》を連《つ》れて帰《かえ》ってきた。しかし、塞翁《さいおう》のむすこがその馬《うま》に乗《の》っていたところ、落馬《らくば》して足《あし》を骨折《こっせつ》してしまった。ところが、やがて始《はじ》まった戦争《せんそう》で、村《むら》の多《おお》くの若者《わかもの》は兵《へい》として戦《たたか》い死《し》んでしまったが、むすこは、骨折《こっせつ》を理由《りゆう》に戦《たたか》いに出《で》ず、無事《ぶじ》だったということから。

四《し》面《めん》楚《そ》歌《か》

意《い》味《み》

まわりを敵《てき》に囲《かこ》まれ、孤立《こりつ》すること。

使《つか》い方《かた》

ぼくの意見《いけん》に賛成《さんせい》する人《ひと》がいない。まさに四面楚歌《しめんそか》だ。

いわれ

昔《むかし》、中国《ちゅうごく》で、楚《そ》という国《くに》の軍《ぐん》がとりでに立《た》てこもり、漢《かん》という国《くに》の軍《ぐん》がそれを取《と》り囲《かこ》んだ。夜《よる》になって、まわりの漢軍《かんぐん》がいっせいに楚《そ》の国《くに》の歌《うた》を歌《うた》ったところ、楚《そ》の王《おう》はたいへんおどろき、「楚《そ》の人《ひと》のほとんどが降伏《こうふく》してしまった。」と思《おも》いこんでしまったことから。

守《しゅ》株《しゅ》

意《い》味《み》

古《ふる》い習慣《しゅうかん》にとらわれて、進歩《しんぽ》がないこと。

使《つか》い方《かた》

会社《かいしゃ》を守株《しゅしゅ》する姿勢《しせい》が、発展《はってん》をさまたげているんだ。

いわれ

昔《むかし》、中国《ちゅうごく》の宋《そう》という国《くに》で、うさぎが切《き》り株《かぶ》にぶつかったのを見《み》た農夫《のうふ》がいた。別《べつ》のうさぎがぶつかったらとらえようと見《み》はっていたのだが、結《けっ》局《きょく》二度《にど》とうさぎを手《て》に入《い》れることができず、国中《くにじゅう》の笑《わら》い者《もの》になったということから。

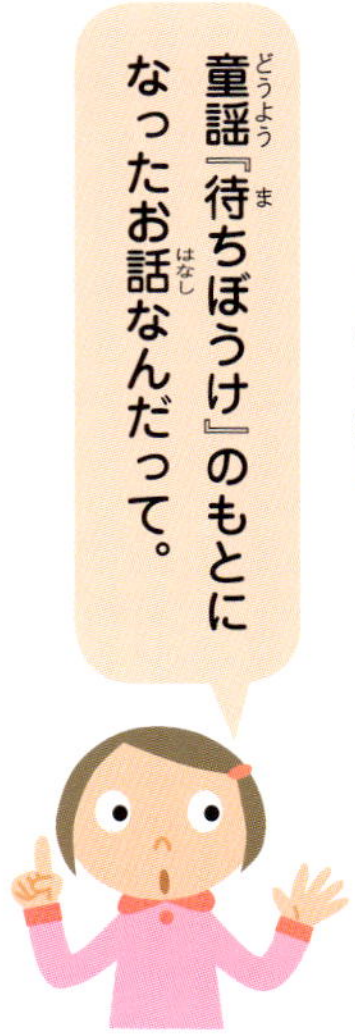
童謡《どうよう》『待《ま》ちぼうけ』のもとになったお話《はなし》なんだって。

助《じょ》長《ちょう》

意《い》味《み》

余計《よけい》な手助《てだす》けをして、かえって悪《わる》くすること。または、物事《ものごと》をよい方向《ほうこう》へ動《うご》かそうと力《ちから》を加《くわ》えること。

使《つか》い方《かた》

むだなエネルギーの消費《しょうひ》は、温暖化《おんだんか》を助長《じょちょう》する。

いわれ

昔《むかし》、中国《ちゅうごく》の宋《そう》という国《くに》で、自分《じぶん》の植《う》えた作物《さくもつ》のなえの生長《せいちょう》がおそいことを心配《しんぱい》する人《ひと》がいた。早《はや》く生長《せいちょう》させてやろうとなえを引《ひ》っぱったところ、すべてかれてしまったということから。

推《すい》敲《こう》

意《い》味《み》

詩《し》や文章《ぶんしょう》を、何度《なんど》も読《よ》み返《かえ》して直《なお》すこと。

使《つか》い方《かた》

推敲《すいこう》を重《かさ》ねたから、とてもいい文章《ぶんしょう》になった。

いわれ

昔《むかし》、中国《ちゅうごく》の唐《とう》の詩人《しじん》が、「僧《そう》は推《お》す月《げっ》下《か》の門《もん》」という詩句《しく》をつくったが、「僧《そう》は推《お》す」にするか「僧《そう》は敲《たた》く」にするか表現《ひょうげん》に迷《まよ》って、何度《なんど》も考《かんが》え直《なお》したということから。

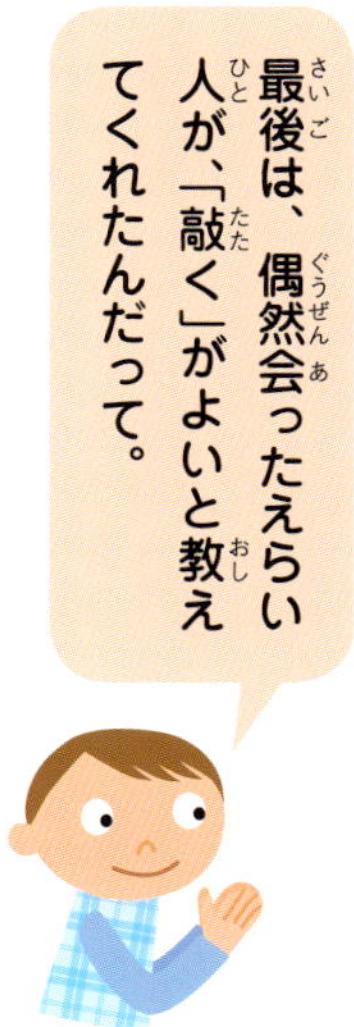
最後《さいご》は、偶然《ぐうぜん》会《あ》ったえらい人《ひと》が、「敲《たた》く」がよいと教《おし》えてくれたんだって。

杜《ず》撰《さん》

意《い》味《み》

まちがいが多《おお》くて雑《ざつ》であること。

使《つか》い方《かた》

君《きみ》の計画《けいかく》はあまりにも杜撰《ずさん》で、実行《じっこう》できない。

いわれ

昔《むかし》の中国《ちゅうごく》の詩人《しじん》・杜黙《ともく》がつくる詩《し》は、詩《し》の決《き》まりごとに合《あ》わないものが多《おお》かったということから。

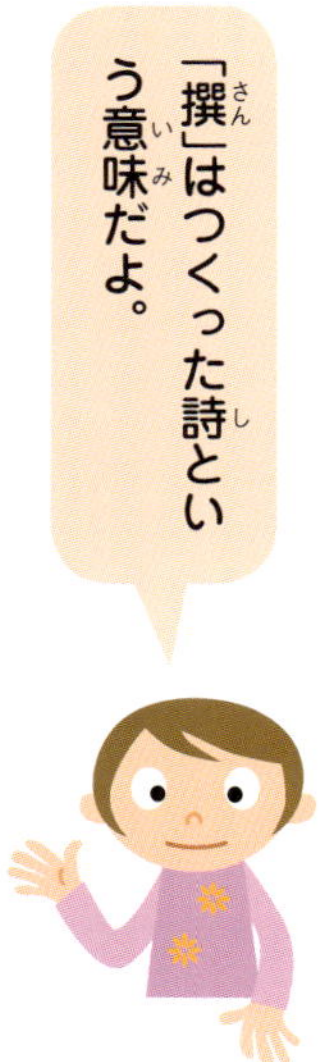
「撰《さん》」はつくった詩《し》という意味《いみ》だよ。

大《たい》器《き》晩《ばん》成《せい》

意《い》味《み》

すぐれた才能《さいのう》をもつ大人物《だいじんぶつ》は、年《とし》をとってから立派《りっぱ》になるということ。

使《つか》い方《かた》

彼《かれ》は大器晩成型《たいきばんせいがた》だよね。

いわれ

「大器《たいき》」とは大《おお》きな器《うつわ》のこと。大《おお》きな器《うつわ》は簡単《かんたん》につくれないということから。

他《た》山《ざん》の石《いし》

意《い》味《み》

他《た》の人《ひと》や物事《ものごと》のよくないところを見《み》て、自分《じぶん》に生《い》かすこと。

使《つか》い方《かた》

本田君《ほんだくん》の敗戦《はいせん》を他山《たざん》の石《いし》として、自分《じぶん》の試合《しあい》の準備《じゅんび》をするよ。

いわれ

よその山《やま》のよくない石《いし》でも、自分《じぶん》の宝《たから》をみがくのに使《つか》えるということから。

蛇《だ》足《そく》

意《い》味《み》

なくてもいい、余計《よけい》な付《つ》け足《た》しのこと。

使《つか》い方《かた》

最後《さいご》の一文《いちぶん》は蛇足《だそく》だから、取《と》ったほうがいいよ。

いわれ

昔《むかし》、蛇《へび》の絵《え》をかく競争《きょうそう》をしたとき、早《はや》くかき終《お》わった人《ひと》が足《あし》を付《つ》け足《た》した。ところが、足《あし》があったのでは蛇《へび》に見《み》えないとされ、負《ま》けてしまったということから。

朝《ちょう》三《さん》暮《ぼ》四《し》

意《い》味《み》
口先《くちさき》で人《ひと》をごまかすこと。または、目《め》に見《み》えるちがいにこだわって、同《おな》じ結果《けっか》になることに気《き》づかないこと。

使《つか》い方《かた》
朝三暮四《ちょうさんぼし》のようなことばにだまされないよう注意《ちゅうい》しよう。

いわれ
昔《むかし》、中国《ちゅうごく》の宋《そう》の国《くに》の狙公《そこう》という人《ひと》が、さるのえさを節約《せつやく》しようと考《かんが》えた。これからはどんぐりを朝三《あさみっ》つ、夜四《よるよっ》つにすると言《い》ったところ、さるたちはおこりだした。そこで、朝四《あさよっ》つ、夜三《よるみっ》つにすると言《い》うと、さるたちは大喜《おおよろこ》びしたということから。

「朝《ちょう》」は朝《あさ》、「暮《ぼ》」は夕方《ゆうがた》のことだよ。

登《とう》竜門《りゅうもん》

意《い》味《み》
そこが通過《つうか》できれば、社会的《しゃかいてき》に認《みと》められたり、有名《ゆうめい》になれるとされるせまい門《もん》のこと。

使《つか》い方《かた》
このオーディションは、スターになるための登竜門《とうりゅうもん》だ。

いわれ
中国《ちゅうごく》の黄河《こうが》にある「竜門《りゅうもん》」は、流《なが》れがたいへん急《きゅう》であり、そこを登《のぼ》ることができたこいは、竜《りゅう》になるといういい伝《つた》えから。

背《はい》水《すい》の陣《じん》

意《い》味《み》
決死《けっし》の覚悟《かくご》で物事《ものごと》にいどむこと。

使《つか》い方《かた》
テストまで時間《じかん》がない。背水《はいすい》の陣《じん》をしいて勉強《べんきょう》しよう。

いわれ
昔《むかし》、中国《ちゅうごく》の漢《かん》という国《くに》が趙《ちょう》という国《くに》の軍《ぐん》と戦《たたか》うとき、わざと川《かわ》を背《せ》にするにげ場《ば》のない場所《ばしょ》を選《えら》んだ。それを見《み》た趙《ちょう》の軍《ぐん》は、大笑《おおわら》いした。しかし、にげ場《ば》のない漢《かん》の兵士《へいし》たちは必《ひっ》死《し》になって戦《たたか》い、趙《ちょう》の軍《ぐん》をたおしてしまったことから。

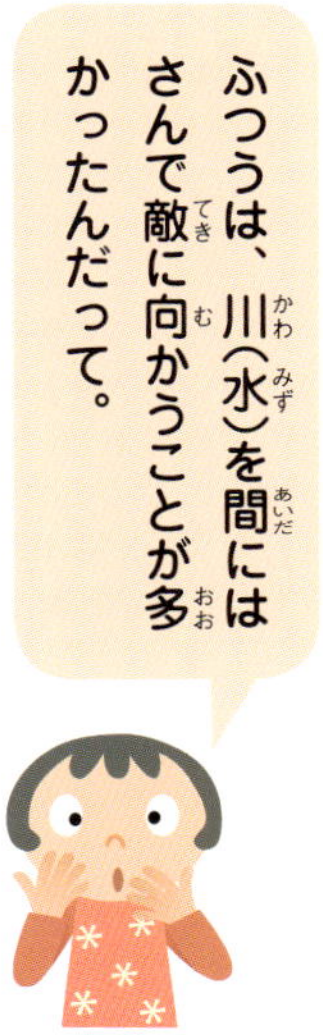
ふつうは、川《かわ》(水《みず》)を間《あいだ》にはさんで敵《てき》に向《む》かうことが多《おお》かったんだって。

百《ひゃく》聞《ぶん》は一見《いっけん》にしかず

意《い》味《み》
人《ひと》から何度《なんど》も聞《き》くよりも、自分《じぶん》で実《じっ》際《さい》に一回見《いっかいみ》たほうがよくわかるということ。

使《つか》い方《かた》
あの映画《えいが》はすばらしいよ。百聞《ひゃくぶん》は一《いっ》見《けん》にしかずで、見《み》に行《い》ってみてよ。

いわれ
昔《むかし》、中国《ちゅうごく》のある兵《へい》が言《い》ったことば。遠《とお》くからでは、報告《ほうこく》を何回聞《なんかいき》いても戦《たたか》いの状況《じょうきょう》はわからないので、馬《うま》を走《はし》らせて近《ちか》くに行《い》って見《み》てきましょう、と言《い》ったとされることから。

覆《ふく》水《すい》盆《ぼん》に返《かえ》らず

意《い》味《み》
一度《いちど》したことは、もとにはもどせないということ。

使《つか》い方《かた》
一度《いちど》してしまったあやまちは、覆水《ふくすい》盆《ぼん》に返《かえ》らずで、取《と》り返《かえ》しがつかないものなんだ。

いわれ
別《わか》れた妻《つま》がえらくなった夫《おっと》のもとに来《き》て、また結婚《けっこん》したいと言《い》った。夫《おっと》がお盆《ぼん》に入《い》れた水《みず》をこぼし、もしその水《みず》をもとにもどすことができたら、願《ねが》いを聞《き》こうと言《い》ったということから。

矛《む》盾《じゅん》

意《い》味《み》
物事《ものごと》に食《く》いちがいがあって、つじつまが合《あ》わないこと。

使《つか》い方《かた》
君《きみ》の言《い》ってることは、矛盾《むじゅん》だらけで納得《なっとく》できない。

いわれ
昔《むかし》、中国《ちゅうごく》の楚《そ》という国《くに》に、盾《たて》と矛《ほこ》を売《う》る商人《しょうにん》がいた。商人《しょうにん》は、「わたしの盾《たて》はとてもかたく、どんなものでもつき通《とお》せない。」と自分《じぶん》の盾《たて》をじまんし、「わたしの矛《ほこ》はとてもするどく、どんなものでもつき通《とお》せる。」と自分《じぶん》の矛《ほこ》をじまんした。見《み》ていた客《きゃく》が、「では、その矛《ほこ》でその盾《たて》をついたらどうなるのか。」とたずねたところ、商人《しょうにん》は答《こた》えることができなかったということから。

Let's try!

1

つくろう！

故《こ》事《じ》成《せい》語《ご》新《しん》聞《ぶん》

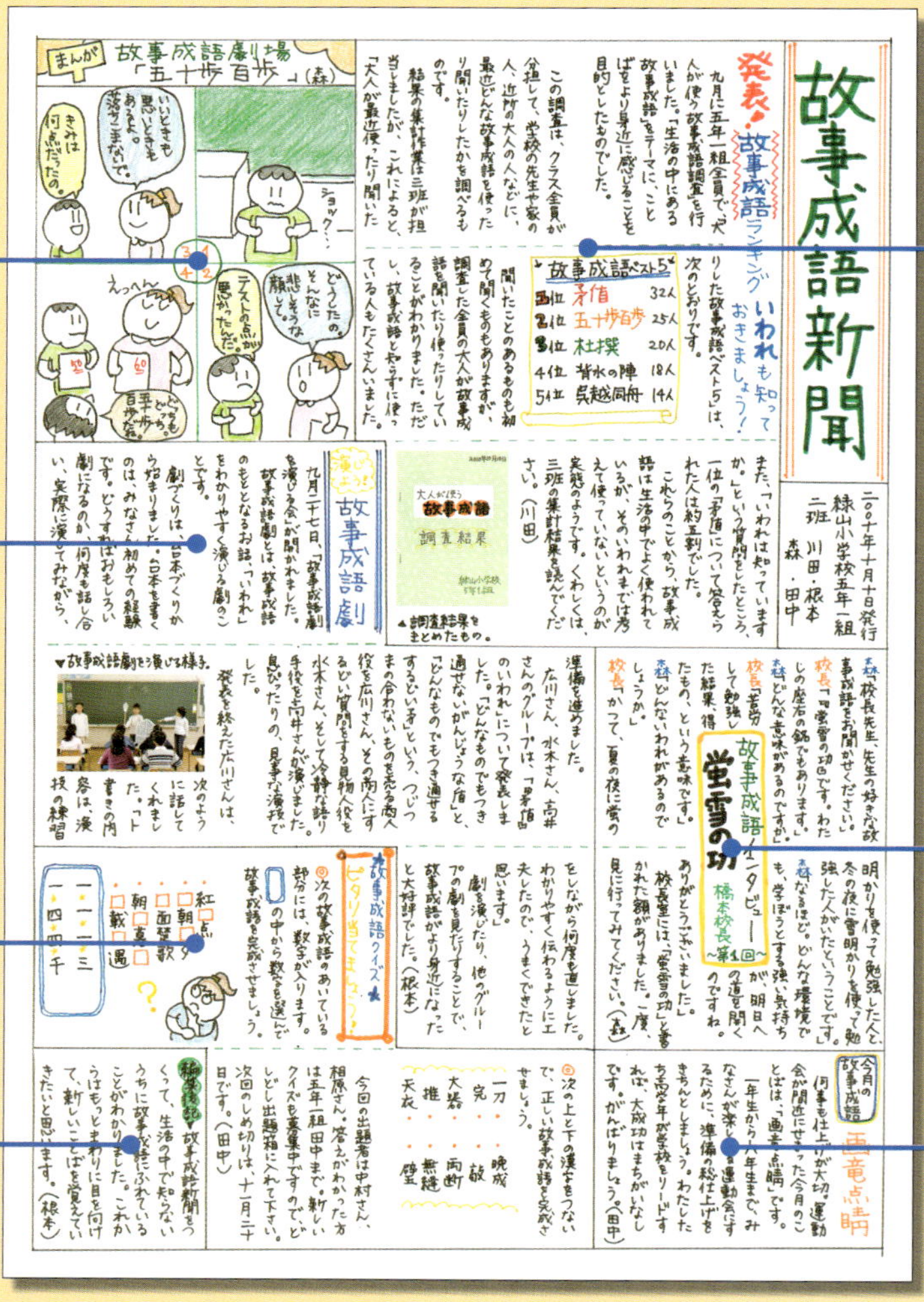

故事成語新聞

二〇〇十年十月十日発行
緑山小学校五年一組
二班 川田・根本 森・田中

発表！ 故事成語ランキング いわれも知っておきましょう！

九月に五年一組全員で、大人が使う故事成語調査を行いました。「生活の中にある故事成語」をテーマに、ことばをより身近に感じることを目的としたものでした。

この調査は、クラス全員が分担して、学校の先生や家の人、近所の大人の人などに、最近どんな故事成語を使ったり聞いたりしたかを調べるものです。

結果の集計作業は三班が担当しましたが、これによると、「大人が最近使ったり聞いたりした故事成語ベスト5」は、次のとおりです。

故事成語ベスト5

1位	矛盾	32人
2位	五十歩百歩	25人
3位	杜撰	20人
4位	背水の陣	18人
5位	呉越同舟	14人

聞いたことのあるものも初めて聞くものもありますが、調査した全員の大人が故事成語を聞いたり使ったりしていることがわかりました。ただし、故事成語と知らずに使っている人もたくさんいました。

また、「いわれは知っていますか。」という質問をしたところ、一位の「矛盾」について答えられた人は約五割でした。

これらのことから、故事成語は生活の中でよく使われているが、そのいわれまでは考えて使っていないというのが実態のようです。くわしくは、三班の集計結果を読んでください。（川田）

大人が使う 故事成語 調査結果 緑山小学校 5年1組

▲調査結果をまとめたもの。

まんが 故事成語劇場「五十歩百歩」（森）

ショック…

どうしたの。そんなに悲しそうな顔して。

テストの点が悪かったんだ。

いいときも悪いときもあるよ。落ちこまないで。

きみは何点だったの。

えっへん

50

60

どっちもどっち。五十歩百歩だね。

演じよう！ 故事成語劇

九月二十七日、「故事成語劇を演じる会」が開かれました。故事成語劇とは、故事成語のもととなるお話、「いわれ」をわかりやすく演じる劇のことです。

劇づくりは、台本づくりから始まりました。台本を書くのは、みなさん初めての経験です。どうすればおもしろい劇になるのか、何度も話し合い、実際に演じてみながら、準備を進めました。

広川さん、水木さん、高井さんのグループは、「矛盾」のいわれについて発表しました。「どんなものでもつき通せないがんじょうな盾」と、「どんなものでもつき通せるするどい矛」という、つじつまの合わないものを売る商人役を広川さん、その商人にするどい質問をする見物人役を水木さん、そして冷静な語り手役を高井さんが演じました。息ぴったりの、見事な演技でした。

▼故事成語劇を演じる様子。

発表を終えた広川さんは、次のように話してくれました。「ト書きの内容は、演技の練習をしながら何度も直しました。わかりやすく伝わるように工夫したので、うまくできたと思います。」

劇を演じたり、他のグループの劇を見たりすることで、故事成語がより身近になったと大好評でした。（根本）

故事成語インタビュー 蛍雪の功 橋本校長 ～第1回～

森「校長先生、先生の好きな故事成語をお聞かせください。」

校長「『蛍雪の功』です。わたしの座右の銘でもあります。」

森「どんな意味があるのですか。」

校長「苦労して勉強した結果、得たもの、という意味です。」

森「どんないわれがあるのでしょうか。」

校長「かつて、夏の夜に蛍の明かりを使って勉強した人と、冬の夜に雪明かりを使って勉強した人がいたということです。」

森「なるほど。どんな環境でも、学ぼうとする強い気持ちが、明日への道を開くのですね。ありがとうございました。」

校長室には、「蛍雪の功」と書かれた額がありました。一度、見に行ってみてください。（森）

故事成語クイズ★ ピタリ当てましょう！

◎次の故事成語のあいている部分には、数字が入ります。□の中から数字を選んで故事成語を完成させましょう。

紅□点
□朝□夕
□面楚歌
朝□暮□
□載□遇

一・一・一・三
一・四・四・千

◎次の上と下の漢字をつないで、正しい故事成語を完成させましょう。

一刀・ ・晩成
完・ ・敲
大器・ ・両断
推・ ・無縫
天衣・ ・璧

今回の出題者は中村さん、相原さん。答えがわかった方は五年一組田中まで。新しいクイズも募集中ですので、どしどし出題箱に入れて下さい。次回のしめ切りは、十一月二十日です。（田中）

今月の故事成語 画竜点睛

何事も仕上げが大切。運動会が間近にせまった今月のことばは、「画竜点睛」です。一年生から六年生まで、みなさんが楽しみな運動会にするために、準備の総仕上げをきちんとしましょう。わたしたち高学年が学校をリードすれば、大成功はまちがいなしです。がんばりましょう。（田中）

編集後記

故事成語新聞をつくって、生活の中で知らないうちに故事成語にふれていることがわかりました。これからはもっとまわりに目を向けて、新しいことばを覚えていきたいと思います。（根本）

- 故事成語《こじせいご》四《よん》コマまんが
- 故事成語《こじせいご》の調査結果《ちょうさけっか》
- 故事成語劇《こじせいごげき》について
- インタビューのまとめ
- 故事成語《こじせいご》クイズ
- 今月《こんげつ》の故事成語《こじせいご》
- 編集後記《へんしゅうこうき》

▲故事成語新聞《こじせいごしんぶん》をつくっているところ。

故事成語新聞《こじせいごしんぶん》ってなに？

新聞《しんぶん》は、世《よ》の中《なか》で起《お》きたことや、人《ひと》に知《し》らせたいことをまとめたものだよ。故事成語《こじせいご》新聞《しんぶん》も同《おな》じように、故事成語《こじせいご》について知《し》らせたいことをまとめたものなんだ。読《よ》む人《ひと》の役《やく》に立《た》つ故事成語《こじせいご》新聞《しんぶん》を工夫《くふう》してつくってみよう。

故事成語《こじせいご》新聞《しんぶん》のつくり方《かた》

1 新聞《しんぶん》のかたちを決《き》める

グループ（四《よん》～五人《ごにん》）でつくります。かべ新聞《しんぶん》か、コピー（印刷《いんさつ》）をして配《くば》る新聞《しんぶん》か、どのくらいの大《おお》きさにするかなどを決《き》めましょう。

2 記事《きじ》の内容《ないよう》を考《かんが》える

故事成語《こじせいご》についてまとめた辞典《じてん》や本《ほん》を調《しら》べて、自分《じぶん》が「なるほど」と思《おも》ったり、知《し》らせたいと思《おも》うことを記事《きじ》にします。この本《ほん》の「いろいろな故事成語《こじせいご》」（26～29ページ）なども参考《さんこう》にしましょう。

よく知《し》らない人《ひと》のために、まず故事成語《こじせいご》の意味《いみ》やいわれを書《か》きたいね。

大人《おとな》がよく使《つか》う故事成語《こじせいご》を調《しら》べて、ランキングにしてのせるのはどうかな。

使《つか》い方《かた》を、四《よん》コマまんがで見《み》せるのもいいね。

3 記事《きじ》を書《か》く

① 下書《したが》きをする

それぞれの記事《きじ》の下書《したが》きをして、文字《もじ》数《すう》を決《き》めます。下書《したが》きは何回《なんかい》も読《よ》み返《かえ》したり書《か》き直《なお》したりして、わかりやすい文《ぶん》章《しょう》にしましょう。

② 見出《みだ》しを考《かんが》える

それぞれの記事《きじ》に見出《みだ》しをつけます。見出《みだ》しがうまいと、強《つよ》く人《ひと》を引《ひ》きつける新聞《しんぶん》になります。

③ わり付《つ》けをする

それぞれの記事《きじ》を、紙面《しめん》のどこにのせるかを決《き》めます。いちばん読《よ》んでほしい記事《きじ》は、右上《みぎうえ》に書《か》くようにします。写真《しゃしん》やイラストなどがあれば、のせる位置《いち》を決《き》めておきましょう。全体《ぜんたい》の配置《はいち》が決《き》まったら、えんぴつでうすく下書《したが》きをしておきます。

④ 清書《せいしょ》をする

えんぴつで書《か》いた下書《したが》きを、ペンでなぞります。記事《きじ》によっては、文字《もじ》の色《いろ》を変《か》えるのもいいでしょう。また、見出《みだ》しの文字《もじ》を太《ふと》くしたり、線《せん》で囲《かこ》んでかざりをつけたりするのも工夫《くふう》です。

4 完成《かんせい》した新聞《しんぶん》を紹介《しょうかい》する

新聞《しんぶん》の紹介《しょうかい》といっしょに、故事成語《こじせいご》を記《き》事《じ》にするときに苦労《くろう》した点《てん》や、完成《かんせい》して思《おも》ったことなどを発表《はっぴょう》し合《あ》いましょう。

どの新聞《しんぶん》が故事成語《こじせいご》をうまく紹介《しょうかい》しているか、みんなで話《はな》し合《あ》ってみるのもいいね。

新聞《しんぶん》の見出《みだ》しを見《み》てみよう！

新聞《しんぶん》を見《み》て，いちばん最初《さいしょ》に目《め》に入《はい》ってくるのは，見出《みだ》しの部分《ぶぶん》だね。読《よ》む人《ひと》に，記事《きじ》の内容《ないよう》に興味《きょうみ》をもってもらえるように，目《め》を引《ひ》く見出《みだ》しを工夫《くふう》しよう。おうちでとっている新聞《しんぶん》があればよく観察《かんさつ》して，上手《じょうず》な部分《ぶぶん》をまねしてみるのもいいね。

見出《みだ》しは，同《おな》じニュースでも新聞《しんぶん》によってちがうよ。くらべてみよう。

Let's play！

2

演《えん》じよう！

故《こ》事《じ》成《せい》語《ご》劇《げき》

台本例《だいほんれい》

「矛盾《むじゅん》」のいわれ

語《かた》り手《て》　昔《むかし》、楚《そ》という国《くに》に、盾《たて》と矛《ほこ》を売《う》る商人《しょうにん》がいました。

商人《しょうにん》　（盾を見せながら、堂々と）「わたしが売《う》る盾《たて》はとてもがんじょうなので、これをつき通《とお》せるものはありません。」

語《かた》り手《て》　商人《しょうにん》は胸《むね》をはります。またいっぽうで、こう言《い》うのです。

商人《しょうにん》　（矛を見せながら、堂々と）「わたしが売《う》る矛《ほこ》はとてもするどいので、どんなものでもつき通《とお》せないものはありません。」

語《かた》り手《て》　（少し間をおいてから、落ち着いた口調で）商人《しょうにん》のじまんげな話《はなし》を聞《き》いて、見物人《けんぶつにん》が口《くち》を開《ひら》きました。

見物人《けんぶつにん》　（商人を見ながら、様子をうかがうように）「あなたの矛《ほこ》で、あなたの盾《たて》をついたらどうなるのでしょう。」

語《かた》り手《て》　（商人はとまどった様子、語り手は聞き手に話しかけるように）これを聞《き》いた商人《しょうにん》は、答《こた》えることができませんでした。

もとのお話《はなし》

楚《そ》人《ひと》に盾《たて》と矛《ほこ》とを鬻《ひさ》ぐ者《もの》あり。これをほめていはく《わ》、「わが盾《たて》の堅《かた》きこと、よく陥《とお》すものなきなり。」と。またその矛《ほこ》をほめていはく《わ》、「わが矛《ほこ》の利《り》なること、物《もの》において陥《とお》さざるなきなり。」と。ある人《ひと》いはく《わ》、「子《し》の矛《ほこ》をもつ《っ》て、子《し》の盾《たて》を陥《とお》さばいかん。」と。その人《ひと》応《こたう》ふることあたは《わ》ざるなり。

出典『新釈漢文大系12　韓非子　下』竹内照夫　明治書院

▲故事成語劇《こじせいごげき》「『矛盾《むじゅん》』のいわれ」を演《えん》じているところ。

故《こ》事《じ》成《せい》語《ご》劇《げき》ってなに？

故《こ》事《じ》成《せい》語《ご》には、そのことばのいわれとなるお話《はなし》があるんだ。故《こ》事《じ》成《せい》語《ご》劇《げき》は、そのお話《はなし》を短《みじか》い劇《げき》にするものだよ。つくった劇《げき》を演《えん》じたり、ほかのグループの劇《げき》を見《み》たりすることで、故《こ》事《じ》成《せい》語《ご》がもっと身近《みぢか》なものになってくるよ。

故事成語劇《こじせいごげき》の台本《だいほん》のつくり方《かた》・演《えん》じ方《かた》

1 題材《だいざい》にする故事成語《こじせいご》を決《き》める

グループで話《はな》し合《あ》って、どの故事成語《こじせいご》を取《と》り上《あ》げるかを決《き》めます。いわれをわかりやすくまとめてある辞典《じてん》や、ことばの本《ほん》などを参考《さんこう》にします。この本《ほん》の「いろいろな故事成語《こじせいご》」（26～29ページ）を活用《かつよう》するといいでしょう。

大人《おとな》がよく使《つか》う故事成語《こじせいご》を調《しら》べてみたいな。

それぞれが好《す》きな故事成《こじせい》語《ご》をあげてみようよ。

取《と》り上《あ》げるお話《はなし》は、わかりやすく、劇《げき》にしやすいものがいいね。

登場人物《とうじょうじんぶつ》がわかりやすいものがいいかな。

例《れい》

- 五十歩百歩《ごじっぽひゃっぽ》
- 推敲《すいこう》
- 矛盾《むじゅん》

2 台本《だいほん》をつくる

取《と》り上《あ》げた故事成語《こじせいご》の意味《いみ》・いわれ・使《つか》い方《かた》を、グループの全員《ぜんいん》がしっかりと理解《りかい》してから台本《だいほん》づくりをします。発表《はっぴょう》する場《ば》に合《あ》わせて、台本《だいほん》の長《なが》さを考《かんが》えましょう。

① いわれをくわしく調《しら》べて、場面《ばめん》をわかりやすく設定《せってい》します。イラストで、具体的《ぐたいてき》にかいてみるのもいいでしょう。

② 登場人物《とうじょうじんぶつ》を決《き》めます。場面《ばめん》を説明《せつめい》する語《かた》り手《て》（ナレーター）役《やく》を置《お》くのもいいでしょう。

③ できるだけ、短《みじか》くわかりやすいことば（せりふ）のやり取《と》りにします。

④ せりふを言《い》うときの声《こえ》の大《おお》きさや調子《ちょうし》、速《はや》さ、間《ま》など、気《き》をつける事《こと》がらを台本《だいほん》に書《か》きます。（ト書《が》き）

⑤ せりふは、声《こえ》に出《だ》しながら台本《だいほん》にします。聞《き》き取《と》りやすさを意識《いしき》しましょう。

台本《だいほん》ができたら、劇《げき》の練習《れんしゅう》だ。わかりにくいところがあったら、台本《だいほん》を修正《しゅうせい》しよう。

3 演出《えんしゅつ》を工夫《くふう》する

故事成語《こじせいご》のいわれには、なじみのないことばが多《おお》いので、できるだけ見《み》ている人《ひと》にわかりやすく伝《つた》わる工夫《くふう》をしましょう。

説明《せつめい》するよりも見《み》たほうがわかりやすいものは、小道具《こどうぐ》としてつくれないかな。

小道具《こどうぐ》や説明《せつめい》でもわかりにくいものは、資料写真《しりょうしゃしん》を見《み》せるのもいいね。

4 発表《はっぴょう》する

見《み》ている人《ひと》たちに、取《と》り上《あ》げた故事成語《こじせいご》の意味《いみ》・いわれ・使《つか》い方《かた》などがしっかりと伝《つた》わるように演《えん》じます。

発表会《はっぴょうかい》を開《ひら》くと、いろいろな故事成語《こじせいご》について知《し》ることができるね。

名《めい》句《く》・名《めい》言《げん》

1
がんばってるね。
来月《らいげつ》はテストがあるでしょう。だから復習《ふくしゅう》しているの。
まだ早《はや》いんじゃない？
2
「先《さき》んずれば人《ひと》を制《せい》す。」という中国《ちゅうごく》の名言《めいげん》があるわ。なにごとも、ほかの人《ひと》より先《さき》に行《おこな》ったほうがいいと思《おも》うの。
へえ。
3
一《いっ》か月後《げつご》――
あっ！　すごいね。
えへへ。
100
70
60
「先《さき》んずれば人《ひと》を制《せい》す。」って本当《ほんとう》だね。
4
よーし。次《つぎ》のテストに向《む》けて、今度《こんど》はぼくらが先《さき》んずるぞ！
次《つぎ》のテストは来学期《らいがっき》だと思《おも》うけどね……。

司馬遷《しばせん》『史記《しき》（項羽本紀《こううほんぎ》）』

名句《めいく》・名言《めいげん》ってなに？

昔《むかし》の書物《しょもつ》・文学作品《ぶんがくさくひん》の中《なか》に出《で》てくることばや、歴史上《れきしじょう》の人物《じんぶつ》が言《い》ったことばの中《なか》で、とくに人々《ひとびと》の心《こころ》に残《のこ》ったために、その部分《ぶぶん》だけぬき出《だ》されて有名《ゆうめい》になったものなんだ。内容《ないよう》は、人生《じんせい》についての教《おし》えだったり、人々《ひとびと》を勇気《ゆうき》づけるようなものだったり、さまざまだよ。

くり返《かえ》し読《よ》んでいると，だんだん意味《いみ》がわかってくるような気《き》がするよ。
なにかのときに使《つか》いたくなるようなことばかりだね。
中《なか》には，数千年《すうせんねん》前《まえ》の書物《しょもつ》に出《で》てくることばもあるんだね。

いろいろな名句《めいく》・名言《めいげん》

現代《げんだい》に伝《つた》わる名句《めいく》・名言《めいげん》の数々《かずかず》を紹介《しょうかい》するよ。中《なか》には少《すこ》しむずかしいものもあるけれど、どんなことについていったことばなのか、考《かんが》えてみよう。

『論語《ろんご》』のことば

子《し》曰《い》は《わ》く、「学《まな》びて時《とき》にこれを習《なら》ふ《う》、また説《よろこ》ばしからずや。朋遠方《ともえんぽう》より来《き》たるあり、また楽《たの》しからずや。人知《ひとし》らずして慍《うら》みず、また君子《くんし》ならずや。」と。

（出《で》てくるところ：学而《がくじ》）

訳《やく》

先生《せんせい》が言《い》われた。「勉強《べんきょう》して、機会《きかい》があるたびにこれを復習《ふくしゅう》して自分《じぶん》のものにするのは、なんとうれしいことではないか。同《おな》じ学問《がくもん》を志《こころざ》す友人《ゆうじん》が遠《とお》くから訪《たず》ねてきてくれるのは、なんと楽《たの》しいことではないか。たとえ世《よ》の中《なか》の人《ひと》が自分《じぶん》の学問《がくもん》を認《みと》めてくれなくても、不満《ふまん》をもったりしないのが、徳《とく》の高《たか》い人《ひと》ではないか。」

子《し》曰《い》は《わ》く、「巧言令色《こうげんれいしょく》鮮《すく》なし仁《じん》。」と。

（学而《がくじ》）

訳《やく》

先生《せんせい》が言《い》われた。「口《くち》がうまくて、人《ひと》のきげんをとるような顔《かお》つきをしている人《ひと》は、思《おも》いやりがないものだ。」

子《し》曰《い》は《わ》く、「故《ふる》きを温《あたた》めて新《あたら》しきを知《し》れば、もつて《もって》師《し》たるべし。」と。

（為政《いせい》）

訳《やく》

先生《せんせい》が言《い》われた。「昔《むかし》のことをくり返《かえ》し研究《けんきゅう》して習熟《しゅうじゅく》し、新《あたら》しい意味《いみ》を発見《はっけん》できるようになれば、人《ひと》の先生《せんせい》となる資格《しかく》があるものだ。」

「温故知新《おんこちしん》」も同《おな》じ意味《いみ》のことばだよ。

子《し》曰《い》は《わ》く、「学《まな》びて思《おも》はざれ《わ》ば則《すなわ》ち罔《くら》し。思《おも》ひ《い》て学《まな》ばざれば則《すなわ》ち殆《あやう》し。」と。

（為政《いせい》）

訳《やく》

先生《せんせい》が言《い》われた。「ものを読《よ》んだり教《おそ》わったりするだけで、自分《じぶん》で考《かんが》えることをしないと、理解《りかい》があやふやになってしまう。自分《じぶん》の考《かんが》えだけにたよって、広《ひろ》くほかの人《ひと》の意見《いけん》や知識《ちしき》に学《まな》ぶことをしないでいると、独《ひと》りよがりになって危険《きけん》である。」

子《し》曰《い》は《わ》く、「徳孤《とくこ》ならず、必《かなら》ず隣《となり》有《あ》り。」と。

（里仁《りじん》）

訳《やく》

先生《せんせい》が言《い》われた。「徳《とく》の高《たか》い人《ひと》は孤独《こどく》にはならない。必《かなら》ず隣人《りんじん》（理解者《りかいしゃ》）がいるものだ。」

子《し》曰《い》は《わ》く、「過《す》ぎたるは猶《な》ほ《お》及《およ》ばざるがごとし。」と。

（先進《せんしん》）

訳《やく》

先生《せんせい》が言《い》われた。「度《ど》をこえているのは、足《た》りないのと同《おな》じで、よくないことだ。」

子《し》曰《い》は《わ》く、「己《おのれ》の欲《ほっ》せざるところは、人《ひと》に施《ほどこ》すことなかれ。」と。

（顔淵《がんえん》）

訳《やく》

先生《せんせい》が言《い》われた。「自分《じぶん》がしてほしくないことは、ほかの人《ひと》にやってはいけない。」

子《し》曰《い》は《わ》く、「君子《くんし》は諸《これ》を己《おのれ》に求《もと》む。小人《しょうじん》は諸《これ》を人《ひと》に求《もと》む。」と。

（衛霊公《えいれいこう》）

訳《やく》

先生《せんせい》が言《い》われた。「徳《とく》の高《たか》い人《ひと》は、なにごとも自分《じぶん》に責任《せきにん》があると考《かんが》える。そうでない人《ひと》は、なにごともほかの人《ひと》のせいにする。」

子《し》曰《い》は《わ》く、「過《あやま》ちて改《あらた》めざる、是《これ》を過《あやまち》と謂《い》ふ《う》。」と。（衛霊公《えいれいこう》）

訳《やく》

先生《せんせい》が言《い》われた。「まちがったことをしたのに改《あらた》めようとしない、これを本当《ほんとう》のあやまちという。」

「子《し》」は、ここでは「（孔《こう》子《し》）先生《せんせい》」という意味《いみ》だよ。

中国《ちゅうごく》のことば

李《り》下《か》に冠《かんむり》を正《ただ》さず。

（出典《しゅってん》：『古詩源《こしげん》』「君子行《くんしこう》」）

訳《やく》

すももの木《き》の下《した》で、冠《かんむり》をかぶり直《なお》してはいけない。

意《い》味《み》

すももをぬすむのではないかと、疑《うたが》わしく思《おも》われるような行動《こうどう》はするべきではない。

虎《こ》穴《けつ》に入《い》らずんば虎子《こじ》を得《え》ず。

（范曄《はんよう》『後漢書《ごかんじょ》』）

訳《やく》

虎《とら》のすむ穴《あな》に入《はい》らなければ、虎《とら》の子《こ》どもを手《て》に入《い》れることはできない。

意《い》味《み》

危険《きけん》をおかさなければ、大《おお》きなことは成《な》しとげられない。

先《さき》んずれば人《ひと》を制《せい》す。

（司馬遷《しばせん》『史記《しき》（項羽本紀《こううほんぎ》）』）

訳《やく》

なにごとも人《ひと》より先《さき》に行《おこな》えば、有利《ゆうり》になることができる。

少《しょう》年《ねん》老《お》い易《やす》く学《がく》成《な》り難《がた》し、一寸《いっすん》の光《こう》陰軽《いんかろ》んずべからず。

（朱熹《しゅき》『偶成《ぐうせい》』）

訳《やく》

若者《わかもの》もすぐに年《とし》をとってしまうし、学問《がくもん》を成《な》しとげるのはなかなかむずかしい。だから、わずかな時間《じかん》もおろそかにしてはならない。

日本《にほん》のことば

和《わ》を以《もっ》て貴《とうと》しと為《な》し、忤《さかう》ふること無《な》きを宗《むね》と為《せ》よ。

（出典《しゅってん》：聖徳太子《しょうとくたいし》『十七条《じゅうしちじょう》の憲法《けんぽう》』）

訳《やく》

仲《なか》よくすることを貴《とうと》いものとし、さからわないことを重要《じゅうよう》なものとしなさい。

日本《にほん》にも、心《こころ》に残《のこ》る名《めい》句《く》・名言《めいげん》があるよ。

ゆく河《かわ》の流《なが》れは絶《た》えずして、しかももとの水《みず》にあらず。（鴨《かもの》 長明《ちょうめい》『方丈記《ほうじょうき》』）

訳《やく》

河《かわ》の流《なが》れは絶《た》えることがなく、しかもその水《みず》はもとの水《みず》と同《おな》じではない。

意《い》味《み》

すべては、川《かわ》の水《みず》のようにうつりかわる。はかないものだ。

初《しょ》心《しん》忘《わす》るべからず。

（世《ぜ》阿《あ》弥《み》『花鏡《はなかがみ》』）

訳《やく》

なにごとも、初《はじ》めに思《おも》い立《た》ったときの真剣《しんけん》な気持《きも》ちをわすれてはならない。

人《ひと》の一生《いっしょう》は重荷《おもに》を負《おう》て遠《とお》き道《みち》をゆくがごとし。いそぐべからず。

（徳川家康《とくがわいえやす》『東照公遺訓《とうしょうこういくん》』）

訳《やく》

人《ひと》の一生《いっしょう》は、重《おも》い荷物《にもつ》を背負《せお》って遠《とお》い道《みち》のりを行《い》くようなものだ。急《いそ》いではならない。

天《てん》は人《ひと》の上《うえ》に人《ひと》を造《つく》らず、人《ひと》の下《した》に人《ひと》を造《つく》らずと云《い》へ《え》り。

（福沢諭吉《ふくざわゆきち》『学問《がくもん》のすゝ《す》め』）

訳《やく》

天《てん》は人《ひと》の上《うえ》に人《ひと》をつくることはなく、人《ひと》の下《した》に人《ひと》をつくることはないといわれている。

意《い》味《み》

人間《にんげん》は平等《びょうどう》であるといわれている。

智《ち》に働《はたら》けば角《かど》が立《た》つ。情《じょう》に棹《さお》させば流《なが》される。意地《いじ》を通《とお》せば窮屈《きゅうくつ》だ。兎角《とかく》に人《ひと》の世《よ》は住《す》みにくい。

（夏目漱石《なつめそうせき》『草枕《くさまくら》』）

訳《やく》 理《り》くつばかりで動《うご》いていると、人間《にんげん》関係《かんけい》がうまくいかない。感情《かんじょう》にまかせていると、流《なが》されてしまう。意地《いじ》をはってばかりいると、きゅうくつだ。世《よ》の中《なか》というのは、なにかと住《す》みにくい。

仲《なか》良《よ》き事《こと》は美《うつく》しき哉《かな》。

（武者 小路実篤《むしゃのこうじさねあつ》）

訳《やく》 仲《なか》がよいということは、美《うつく》しいことだなあ。

本《ほん》などを読《よ》んでいて、心《こころ》に残《のこ》ることばを見《み》つけたら、メモしておくといいね。それが、自《じ》分《ぶん》にとっての名句《めいく》・名《めい》言《げん》になるよ。
自分《じぶん》の名句《めいく》・名言《めいげん》をノートにまとめて、みんなでこうかんし合《あ》うのも、おもしろいね。

名句《めいく》・名言《めいげん》を残《のこ》した人《ひと》たち

名句《めいく》・名言《めいげん》を書《か》いたり言《い》ったりした人《ひと》のことをよく知《し》ると，そのことばをより深《ふか》く理解《りかい》する助《たす》けになるよ。自分《じぶん》がとくに興味《きょうみ》をもった人《ひと》がいたら，図書館《としょかん》などで調《しら》べてみよう。

孔子《こうし》

大昔《おおむかし》の中国《ちゅうごく》で儒教《じゅきょう》という教《おし》えを広《ひろ》めた。『論語《ろんご》』は，孔子《こうし》と，その弟子《でし》のことばをまとめた書物《しょもつ》で，日本《にほん》にもかなり古《ふる》くから伝《つた》わり，昔《むかし》から日本人《にほんじん》の物事《ものごと》の考《かんが》え方《かた》に大《おお》きな影響《えいきょう》をあたえてきた。

聖徳太子《しょうとくたいし》

飛鳥時代《あすかじだい》の皇族《こうぞく》。『十七条《じゅうしちじょう》の憲法《けんぽう》』は，聖徳太子《しょうとくたいし》がつくった，役人《やくにん》や貴族《きぞく》のための十七《じゅうしち》の決《き》まり。

鴨 長明《かものちょうめい》

平安時代《へいあんじだい》から鎌倉時代《かまくらじだい》の歌人《かじん》・随筆家《ずいひつか》。『方丈記《ほうじょうき》』は，三大随筆《さんだいずいひつ》の一《ひと》つに数《かぞ》えられる。

世阿弥《ぜあみ》

室町時代《むろまちじだい》に現在《げんざい》の能《のう》(劇《げき》)のおおもとをつくり上《あ》げた。『花鏡《はなかがみ》』は，世阿弥《ぜあみ》が芸術《げいじゅつ》について記《しる》した書物《しょもつ》。

徳川家康《とくがわいえやす》

江戸幕府《えどばくふ》を開《ひら》いた武将《ぶしょう》。『東照公遺訓《とうしょうこういくん》』は，徳川《とくがわ》家康《いえやす》がなくなるときに残《のこ》した教《おし》えといわれる。

福沢諭吉《ふくざわゆきち》

江戸時代《えどじだい》から明治時代《めいじじだい》の思想家《しそうか》・教育家《きょういくか》。紹介《しょうかい》したものは，『学問《がくもん》のす《す》ゝめ』の最初《さいしょ》にあることばで，アメリカ合衆国《がっしゅうこく》の独立宣言《どくりつせんげん》の一部《いちぶ》を引用《いんよう》したもの。

夏目漱石《なつめそうせき》

明治時代《めいじじだい》から大正時代《たいしょうじだい》に活躍《かつやく》した小説家《しょうせつか》。代表《だいひょう》作《さく》は『吾輩《わがはい》は猫《ねこ》である』『坊《ぼ》っちゃん』など。『草枕《くさまくら》』は，明治三十九年《めいじさんじゅうくねん》に発表《はっぴょう》された作品《さくひん》。

武者 小路実篤《むしゃのこうじさねあつ》

大正時代《たいしょうじだい》から昭和《しょうわ》に活躍《かつやく》した小説家《しょうせつか》。代表作《だいひょうさく》は『お目出《めで》たき人《ひと》』『友情《ゆうじょう》』など。紹介《しょうかい》したものは，武《む》者 小路実篤《しゃのこうじさねあつ》が自分《じぶん》のかいた絵《え》にそえたことば。

Let's enjoy!

1

たのしもう！

『論語《ろんご》』マイベスト発表会《はっぴょうかい》

子曰はく、「学びて時にこれを習ふ、また説ばしからずや。
朋遠方より来たるあり、また楽しからずや。
人知らずして慍みず、また君子ならずや。
子曰はく、「故きを温めて新しきを知れ
もって師たるべし。」と。
子曰はく、「学びて思はざれば則ち罔し。
思ひて学ばざれば則ち殆し。」と。
子曰はく、「朝に道を聞かば、夕に死すとも可なり。
子曰はく、「徳孤ならず、必ず鄰有り。」と。
子曰はく、「過ぎたるは猶ほ及ばざるがごとし。」と。
子曰はく、「己の欲せざるところは、人に施すことなかれ。」と。
子曰はく、「君子は和して同ぜず。小人は同じて和せず。」と。
子曰はく、「君子は諸を己に求む。小人は諸を人に求む。」と。
子曰はく、「過ちて改めざる、是を過と謂ふ。」と。

▲『論語《ろんご》』マイベストを発表《はっぴょう》しているところ。

▶一枚目《いちまいめ》。

▲二枚目《にまいめ》。

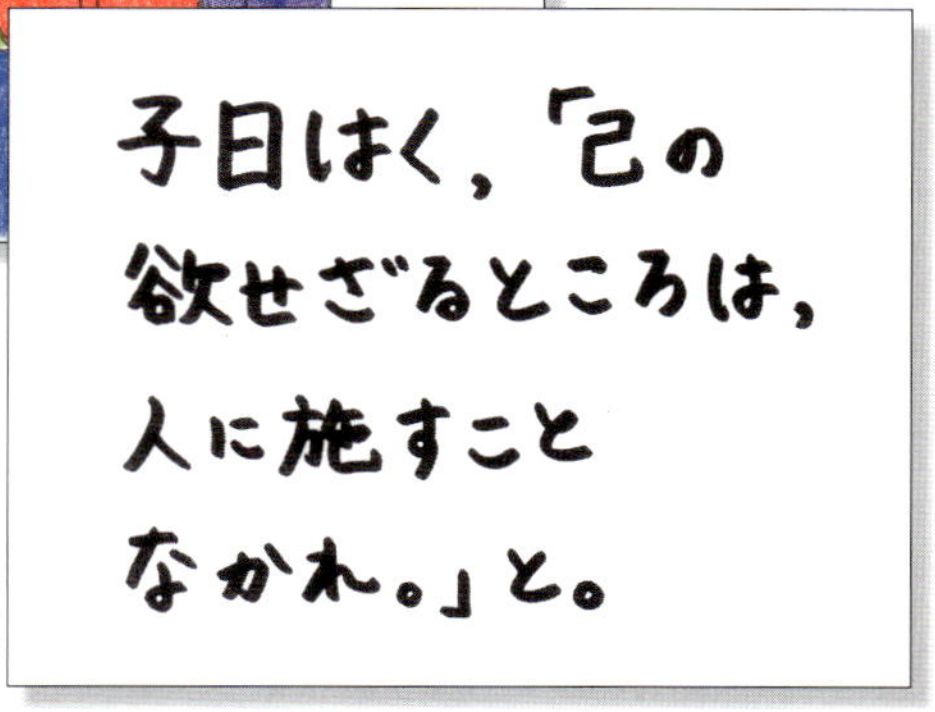
子曰はく，「己の
欲せざるところは，
人に施すこと
なかれ。」と。

▶三枚目《さんまいめ》。

▲考《かんが》えた場面《ばめん》を紙《かみ》しばいふうにまとめる。

『論語《ろんご》』マイベスト発表会《はっぴょうかい》ってなに？

たくさんある『論語《ろんご》』の名言《めいげん》の中《なか》で、自分《じぶん》にとっていちばん印象《いんしょう》に残《のこ》ったものを、一人《ひとり》ずつマイベストとして発表《はっぴょう》する会《かい》だよ。

どんな場面《ばめん》で、どんな人《ひと》に対《たい》してその名言《めいげん》を使《つか》えばいいのかを、みんなの前《まえ》で紙《かみ》しばいふうに紹介《しょうかい》するんだ。その名言《めいげん》にどんな意味《いみ》がこめられているかを考《かんが》えて、場面《ばめん》を想像《そうぞう》してみよう。

『論語《ろんご》』マイベスト発表会《はっぴょうかい》のやり方《かた》

1 名言《めいげん》を選《えら》ぶ

『論語《ろんご》』に出《で》てくる名言《めいげん》の中《なか》から、自分《じぶん》の好《す》きな名言《めいげん》を一《ひと》つ選《えら》びましょう。

この本《ほん》で紹介《しょうかい》しているもの以外《いがい》にも、いろいろな名言《めいげん》があるよ。図書館《としょかん》などで調《しら》べてみよう。

2 名言《めいげん》の使《つか》い方《かた》を考《かんが》える

1で選《えら》んだ名言《めいげん》は、どんな場面《ばめん》で、どんな人《ひと》に対《たい》して使《つか》うことができるかを考《かんが》えましょう。

例《れい》

名言《めいげん》
子日《しいわ》はく、「己《おのれ》の欲《ほっ》せざるところは、人《ひと》に施《ほどこ》すことなかれ。」と。

場面《ばめん》
こんでいる電車《でんしゃ》の中《なか》で、大《おお》きなかばんを背負《せお》っている人《ひと》を見《み》たとき。

3 発表《はっぴょう》の準備《じゅんび》をする

1で選《えら》んだ名言《めいげん》と、2で考《かんが》えた場面《ばめん》の絵《え》を、画用紙《がようし》などの厚《あつ》めの紙《かみ》にかきましょう。

▲場面《ばめん》の絵《え》をかく。

3 子日はく，「己の欲せざるところは，人に施すことなかれ。」と。

▲最後《さいご》に名言《めいげん》を書《か》く。

最初《さいしょ》に場面《ばめん》のイラストがあって、それをめくると名言《めいげん》が出《で》てくるようにするんだね。

先生は言われた。「自分がしてほしくないことは，ほかの人にやってはいけない。」

▲2の裏側《うらがわ》に，3を発《はっ》表《ぴょう》するときの台本《だいほん》を書《か》く。

画用紙《がようし》の裏側《うらがわ》には、発表《はっぴょう》のときの台本《だいほん》や名言《めいげん》の意《い》味《み》などを書《か》いておいてもいいね。

4 発表《はっぴょう》する

名言《めいげん》の使《つか》い方《かた》を、みんなの前《まえ》で発表《はっぴょう》します。全員《ぜんいん》の発表《はっぴょう》が終《お》わったら、おたがいの選《えら》んだ名言《めいげん》や考《かんが》えた場面《ばめん》について、感想《かんそう》を話《はな》し合《あ》ってみましょう。

こんでいる電車《でんしゃ》の中《なか》で，大《おお》きなかばんを背負《せお》っている人《ひと》に，このことばを言《い》いたいと思《おも》います。

子日《しいわ》はく，「己《おのれ》の欲《ほっ》せざるところは，人《ひと》に施《ほどこ》すことなかれ。」と。自分《じぶん》がしてほしくないことは，他人《たにん》にしてはいけないという意味《いみ》です。

子日はく，「己の欲せざるところは，人に施すことなかれ。」と。

紙《かみ》しばいをするときと同《おな》じで、タイミングよく紙《かみ》をめくらないとね。

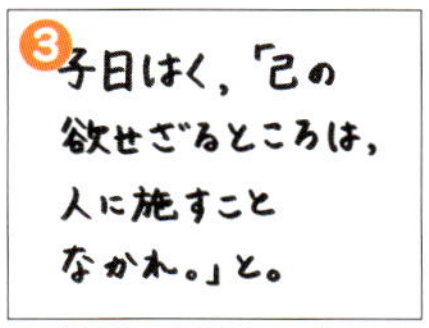

Let's enjoy!

天は人の上に
人を造らず,
人の下に人を
造らずと云へり。

▲名句《めいく》・名言当《めいげんあ》てゲームをしているところ。

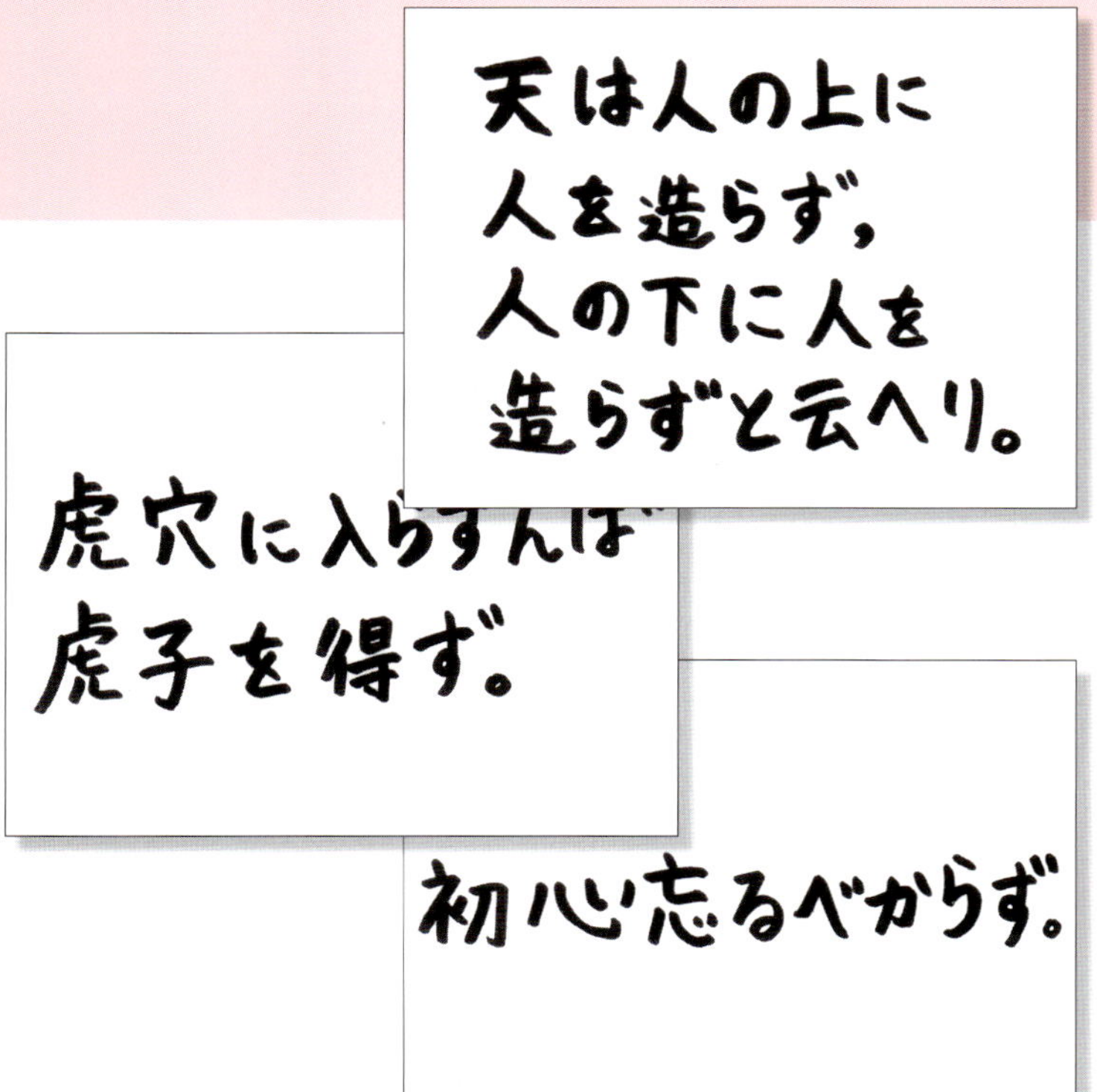
天は人の上に
人を造らず，
人の下に人を
造らずと云へり。
虎穴に入らずんば
虎子を得ず。
初心忘るべからず。

▲二人《ふたり》で相談《そうだん》して，名句《めいく》・名言《めいげん》を選《えら》ぶ。

2

たのしもう！

名句《めいく》・名言《げん》当《あ》てゲーム

名句《めいく》・名言当《めいげんあ》てゲームってなに？

名句《めいく》・名言当《めいげんあ》てゲームとは、二人一《ふたりひと》組《くみ》の二《ふた》つのチームが、先攻《せんこう》・後攻《こうこう》に分《わ》かれて名句《めいく》・名言《めいげん》を当《あ》て合《あ》うゲームだよ。出《だ》された問題《もんだい》に対《たい》して、答《こた》えるチームは、一人《ひとり》が解答係《かいとうがかり》、もう一人《ひとり》がヒント係《がかり》となって力《ちから》を合《あ》わせて答《こた》えを当《あ》てるんだ。数《すう》チームで対抗戦《たいこうせん》もできるよ。

名句《めいく》・名言当《めいげんあ》てゲームの遊《あそ》び方《かた》

1 チーム分《わ》けをする

二人《ふたり》一組《ひとくみ》のチームをつくります。となりの人《ひと》と組《く》んでも、くじ引《び》きなどで決《き》めてもいいでしょう。

2 準備《じゅんび》をする

❶参加《さんか》する人《ひと》たち全員《ぜんいん》で、出題《しゅつだい》できる名《めい》句《く》・名言《めいげん》を決《き》めます。

❷一人一人《ひとりひとり》が、決《き》められた名句《めいく》・名言《めいげん》について、問題《もんだい》のヒントになりそうなことをまとめます。

❸それぞれのチームは、出題《しゅつだい》できる名句《めいく》・名言《めいげん》の中《なか》から好《す》きなもの五《いつ》つ選《えら》んで、五《ご》枚《まい》の画用紙《がようし》に書《か》きます。これが、相手《あいて》チームへの問題《もんだい》になります。

名句《めいく》・名言《めいげん》は、この本《ほん》の「いろいろな名句《めいく》・名《めい》言《げん》」（35～37ページ）の中《なか》から選《えら》んでもいいよ。

意味《いみ》のほかに、言《い》った人《ひと》やのっている本《ほん》の名前《なまえ》もヒントになるね。

3 名句《めいく》・名言当《めいげんあ》てゲームをする

❶先攻《せんこう》・後攻《こうこう》を決《き》めて、それぞれの役割《やくわり》ごとに、左《ひだり》のような位置《いち》に立《た》ちましょう。

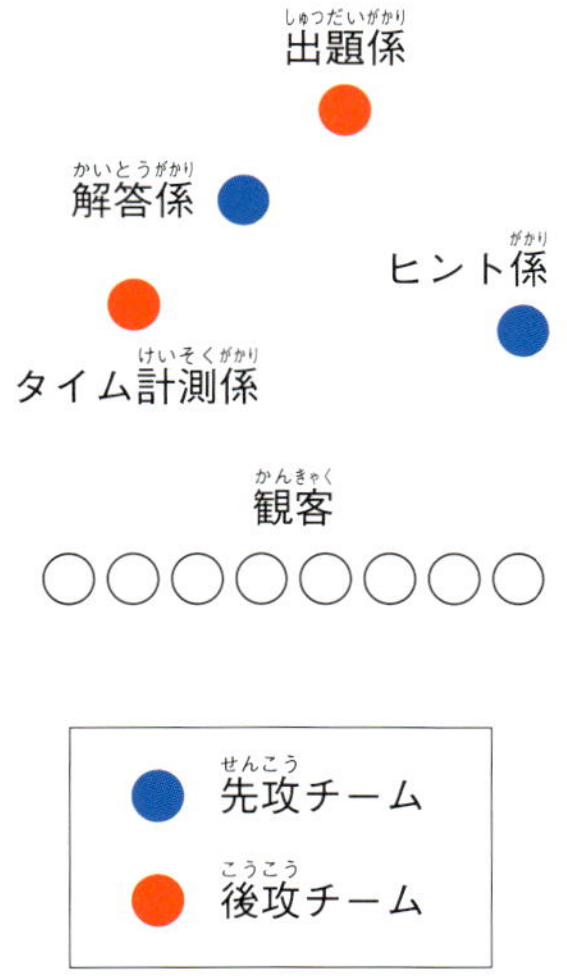
出題係《しゅつだいがかり》
解答係《かいとうがかり》
ヒント係《がかり》
タイム計測係《けいそくがかり》
観客《かんきゃく》
先攻《せんこう》チーム
後攻《こうこう》チーム

❷後攻《こうこう》チームのタイム計測係《けいそくがかり》の合図《あいず》で、ゲームを始《はじ》めます。先攻《せんこう》チームのヒント係《がかり》は、出題係《しゅつだいがかり》の持《も》つ紙《かみ》に書《か》いてある名句《めいく》・名言《めいげん》を見《み》て、解答係《かいとうがかり》にその名句《めいく》・名言《めいげん》の意味《いみ》などをヒントとして教《おし》えます。

「人間《にんげん》はみんな平等《びょうどう》だ。」という意味《いみ》です。福沢諭《ふくざわゆ》吉《きち》の名言《めいげん》です。

天は人の上に
人を造らず，
人の下に人を
造らずと云へり。

❸解答係《かいとうがかり》は、答《こた》えがわかったら名句《めいく》・名言《めいげん》を答《こた》えます。正解《せいかい》の場合《ばあい》、出題係《しゅつだいがかり》は紙《かみ》をめくって、次《つぎ》の問題《もんだい》を出《だ》します。

なかなか答《こた》えられない場《ば》合《あい》は、出《で》だしのことばをヒントとして言《い》ってもいいよ。

❹答《こた》えがわからずパスと言《い》った場合《ばあい》や、三《さん》十秒《じゅうびょう》以内《いない》に答《こた》えが出《で》ない場合《ばあい》は、次《つぎ》の問《もん》題《だい》にうつります。五問全部《ごもんぜんぶ》が終《お》わったら、先攻《せんこう》チームは終了《しゅうりょう》です。タイム計測係《けいそくがかり》は、かかった時間《じかん》を発表《はっぴょう》します。

❺先攻《せんこう》と後攻《こうこう》が入《い》れかわります。

❻正解《せいかい》が多《おお》いチームの勝《か》ちとなります。同《どう》点《てん》の場合《ばあい》は時間《じかん》が短《みじか》いチームが勝《か》ちです。

中国《ちゅうごく》の古典《こてん》には名句《めいく》・名言《めいげん》がいっぱい！

35~36ページで紹介《しょうかい》した孔子《こうし》の『論語《ろんご》』のほかにも，昔《むかし》の中国《ちゅうごく》の書物《しょもつ》には，名句《めいく》・名言《めいげん》として伝《つた》わることばがたくさんあるよ。現在《げんざい》ことわざとして知《し》られることばの中《なか》にも，もともとは下《した》にあげた書物《しょもつ》に出《で》てくる名句《めいく》・名言《めいげん》だったものがあるんだ。

■ 儒教《じゅきょう》の書物《しょもつ》 ■

『大学《だいがく》』『中庸《ちゅうよう》』『孟子《もうし》』

■ 歴史《れきし》を記《しる》した書物《しょもつ》 ■

『史記《しき》』『後漢書《ごかんじょ》』『三国志《さんごくし》』

四《よ》字《じ》熟《じゅく》語《ご》

四字熟語《よじじゅくご》ってなに?

四字熟語《よじじゅくご》は、その名《な》のとおり漢字《かんじ》四《よん》文字《もじ》でできた熟語《じゅくご》のことだよ。物事《ものごと》の様子《ようす》や人《ひと》の性格《せいかく》など、さまざまなことをひと言《こと》でいい表《あらわ》しているんだ。たった四文字《よんもじ》の中《なか》に、一《ひと》つの文《ぶん》と同《おな》じぐらいの内容《ないよう》をいい表《あらわ》しているなんてすごいね。

二字《にじ》の熟語《じゅくご》を二《ふた》つ組《く》み合《あ》わせるだけでも，いろいろなことを表《あらわ》せるんだね。

ことわざや慣用《かんよう》句《く》と，にた使《つか》い方《かた》の四字熟語《よじじゅくご》もあるよ。

漢字《かんじ》が四字《よじ》だけだから，一字一字《いちじいちじ》の意味《いみ》が大切《たいせつ》だね。

四字熟語絵巻《よじじゅくごえまき》
俳句教室
花鳥風月《かちょうふうげつ》
相思相愛《そうしそうあい》
電光石火《でんこうせっか》
正々堂々《せいせいどうどう》
老若男女《ろうにゃくなんにょ》
一触即発《いっしょくそくはつ》
自画自賛《じがじさん》
意気消沈《いきしょうちん》
以心伝心《いしんでんしん》
危機一髪《ききいっぱつ》
にく
さかな
針小棒大《しんしょうぼうだい》
一石二鳥《いっせきにちょう》
優柔不断《ゆうじゅうふだん》
喜怒哀楽《きどあいらく》
一心不乱《いっしんふらん》
右往左往《うおうさおう》

四字熟語《よじじゅくご》の構成《こうせい》

- 二字《にじ》の熟語《じゅくご》を組《く》み合《あ》わせたもの(これが、いちばん多《おお》い)

・にた意味《いみ》の二字《にじ》の熟語《じゅくご》を組《く》み合《あ》わせたもの

例《れい》 相思《そうし》＝相愛《そうあい》 電光《でんこう》＝石火《せっか》

・反対《はんたい》の意味《いみ》の二字《にじ》の熟語《じゅくご》を組《く》み合《あ》わせたもの

例《れい》 右往《うおう》⇔左往《さおう》 針小《しんしょう》⇔棒大《ぼうだい》

・上《うえ》の二字《にじ》の熟語《じゅくご》が、下《した》の二字《にじ》の熟語《じゅくご》に働《はたら》きかけるもの

例《れい》 意気《いき》⇒消沈《しょうちん》 一触《いっしょく》⇒即発《そくはつ》 危機《きき》⇒一髪《いっぱつ》 自画《じが》⇒自賛《じさん》

・意味《いみ》が反対《はんたい》の二字《にじ》からできた熟語《じゅくご》を組《く》み合《あ》わせたもの

例《れい》 老《ろう》⇔若《にゃく》＋男《なん》⇔女《にょ》

- 四字《よじ》が対等《たいとう》の関係《かんけい》でならんだもの

例《れい》 喜《き》＋怒《ど》＋哀《あい》＋楽《らく》

- 数字《すうじ》をふくんだもの

例《れい》 一石二鳥《いっせきにちょう》

- その他《た》

例《れい》 正々堂々《せいせいどうどう》

いろいろな四字熟語《よじじゅくご》

いろいろな四字熟語《よじじゅくご》を紹介《しょうかい》するよ。それぞれの漢字《かんじ》にどんな意味《いみ》があって、どんな組《く》み合《あ》わせで熟語《じゅくご》になっているか、考《かんが》えてみよう。

意《い》気《き》消《しょう》沈《ちん》

意《い》味《み》

落《お》ちこんで元気《げんき》がない。

使《つか》い方《かた》

「建一君《けんいちくん》、今日《きょう》は元気《げんき》がないね。」「昨日《きのう》のサッカーの試合《しあい》で、応《おう》えんしていたチームが負《ま》けてしまったから、意気消沈《いきしょうちん》しているんだよ。」

異《い》口《く》同《どう》音《おん》

意《い》味《み》

何人《なんにん》もの人《ひと》が、同《おな》じことを言《い》う。

使《つか》い方《かた》

「わたしが給食《きゅうしょく》で好《す》きなメニューは、カレーライスなの。」「クラスのみんなも、異口同音《いくどうおん》にそう言《い》うよ。」

異《こと》なる口《くち》が同《おな》じ音《おと》を発《はっ》するということだね。

以《い》心《しん》伝《でん》心《しん》

意《い》味《み》

ことばで言《い》わなくても、思《おも》っていることが伝《つた》わる。

使《つか》い方《かた》

「お父《とう》さん、どうしてぼくがほしいものがわかったの。」「以心伝心《いしんでんしん》でわかるよ。」

一《いっ》触《しょく》即《そく》発《はつ》

意《い》味《み》

今《いま》にも争《あらそ》いごとが起《お》きそうな様子《ようす》。

使《つか》い方《かた》

「犬《いぬ》と散歩中《さんぽちゅう》、ほかの犬《いぬ》に会《あ》ったら、二匹《にひき》がにらみ合《あ》って、大変《たいへん》だったよ。」「まさに、一触即発《いっしょくそくはつ》というところだね。」

一《いっ》心《しん》不《ふ》乱《らん》

意《い》味《み》

一《ひと》つの物事《ものごと》に集中《しゅうちゅう》する。

使《つか》い方《かた》

「愛《あい》ちゃんを見《み》なかった。」「愛《あい》ちゃんなら、図書室《としょしつ》で一心不乱《いっしんふらん》に明日《あす》の発表《はっぴょう》の準備《じゅんび》をしていたよ。」

一《いっ》石《せき》二《に》鳥《ちょう》

意《い》味《み》

一《ひと》つのことをすることによって、二《ふた》つのよいものが得《え》られる。

使《つか》い方《かた》

「図書館《としょかん》で調《しら》べようよ。」「エアコンもきいているし、一石二《いっせきに》鳥《ちょう》だね。」

右《う》往《おう》左《さ》往《おう》

意《い》味《み》

どうしていいかわからず、あわてる。

使《つか》い方《かた》

「来週《らいしゅう》の金曜日《きんようび》は、お楽《たの》しみ会《かい》だったよね。」「当日《とうじつ》になって右往左往《うおうさおう》しないように、準備《じゅんび》を始《はじ》めようか。」

花《か》鳥《ちょう》風《ふう》月《げつ》

意《い》味《み》

花《はな》や鳥《とり》、風《かぜ》、月《つき》といった、自然《しぜん》の美《うつく》しい風景《ふうけい》や風流《ふうりゅう》な遊《あそ》び。

使《つか》い方《かた》

「満開《まんかい》の桜《さくら》に鳥《とり》の声《こえ》、ここちよい春風《はるかぜ》、とても気持《きも》ちがいいね。」「花鳥風月《かちょうふうげつ》を楽《たの》しんで、俳句《はいく》でもつくろうか。」

危《き》機《き》一《いっ》髪《ぱつ》

意《い》味《み》

危険《きけん》がすぐ近《ちか》くにせまっている様子《ようす》。

使《つか》い方《かた》

「ボールが、あと十《じっ》センチ右《みぎ》にそれていたら、窓《まど》ガラスを割《わ》ってしまうところだったね。」「危機一髪《ききいっぱつ》だった。」

「一髪《いっぱつ》」は、髪《かみ》の毛《け》一本《いっぽん》ほどのちがいということだよ。

喜《き》怒《ど》哀《あい》楽《らく》

意《い》味《み》
喜《よろこ》び、いかり、かなしみ、楽《たの》しみなどの、人間《にんげん》の感情《かんじょう》。

使《つか》い方《かた》
「孝君《たかしくん》、楽《たの》しそうだね。さっきまであんなにおこっていたのに。」
「そうだね。喜《き》怒《ど》哀《あい》楽《らく》が激《はげ》しいよね。」

自《じ》画《が》自《じ》賛《さん》

意《い》味《み》
自分《じぶん》でしたことを、自分《じぶん》でほめる。

使《つか》い方《かた》
「きみのお姉《ねえ》さんが焼《や》いてくれたこのクッキー、とてもおいしいね。」
「姉《あね》が『すごくうまくできた。』って自《じ》画《が》自《じ》賛《さん》してたのよ。」

針《しん》小《しょう》棒《ぼう》大《だい》

意《い》味《み》
小《ちい》さなことを、とても大《おお》げさに言《い》う。

使《つか》い方《かた》
「博君《ひろしくん》が『大物《おおもの》だ。』と言《い》うから見《み》に行《い》ったら、十《じっ》センチほどの魚《さかな》だった。」
「まったく針《しん》小《しょう》棒《ぼう》大《だい》なんだから。」

正《せい》々《せい》堂《どう》々《どう》

意《い》味《み》
行《おこな》いが正《ただ》しく、態度《たいど》が立派《りっぱ》である。

使《つか》い方《かた》
「決勝《けっしょう》はおたがいにがんばろう。」
「うん、正《せい》々《せい》堂《どう》々《どう》と戦《たたか》おう。」

前《ぜん》代《だい》未《み》聞《もん》

意《い》味《み》
今《いま》まで聞《き》いたこともないほど、めずらしい。

使《つか》い方《かた》
「結婚式《けっこんしき》に、ウェディングケーキが間《ま》に合《あ》わなかったんだって。」
「前《ぜん》代《だい》未《み》聞《もん》のできごとだね。」

相《そう》思《し》相《そう》愛《あい》

意《い》味《み》
おたがいに相手《あいて》のことが好《す》きで、愛《あい》し合《あ》う。

使《つか》い方《かた》
「タレントのA《エー》とB《ビー》が、相《そう》思《し》相《そう》愛《あい》なんだってね。」
「もうすぐ結婚《けっこん》するみたいよ。」

電《でん》光《こう》石《せっ》火《か》

意《い》味《み》
行動《こうどう》がとてもすばやい。

使《つか》い方《かた》
「ごちそうさまでした。」
「あら、もうおやつを食《た》べ終《お》わったの。まさに電《でん》光《こう》石《せっ》火《か》の早《はや》わざね。」

二《に》束《そく》三《さん》文《もん》

意《い》味《み》
値段《ねだん》がとても安《やす》い。

使《つか》い方《かた》
「この本《ほん》、売《う》るとそんなに安《やす》くなるの。」
「売《う》るときは二《に》束《そく》三《さん》文《もん》なんだよ。」

平《へい》身《しん》低《てい》頭《とう》

意《い》味《み》
ひたすらあやまる。

使《つか》い方《かた》
「店員《てんいん》さん、どうしてあんなに平《へい》身《しん》低《てい》頭《とう》していたの。」
「兄《あに》が予約《よやく》していたはずのC《シー》D《ディー》を、まちがって売《う》ってしまったんだ。」

優《ゆう》柔《じゅう》不《ふ》断《だん》

意《い》味《み》
迷《まよ》ってばかりいて、なかなか決断《けつだん》できない。

使《つか》い方《かた》
「お父《とう》さん、お母《かあ》さんはまだ着《き》ていく洋服《ようふく》が決《き》まらないの。」
「そうなんだよ。優《ゆう》柔《じゅう》不《ふ》断《だん》だね。」

「優柔《ゆうじゅう》」は、ぐずぐずしてはっきりしないことだよ。

老《ろう》若《にゃく》男《なん》女《にょ》

意《い》味《み》
老人《ろうじん》、若者《わかもの》、男性《だんせい》、女性《じょせい》、いろいろな人《ひと》。

使《つか》い方《かた》
「市民《しみん》マラソン大会《たいかい》なんだけど、わたしも参加《さんか》できるかな。」
「うん、だいじょうぶだよ。老《ろう》若《にゃく》男《なん》女《にょ》、だれでも参加《さんか》できる大会《たいかい》だから。」

Let's enjoy!

1

たのしもう!

四《よ》字《じ》熟《じゅく》語《ご》神《しん》経《けい》すいじゃく

▲四《よ》字《じ》熟《じゅく》語《ご》神経《しんけい》すいじゃくで遊《あそ》んでいるところ。

四《よ》字《じ》熟《じゅく》語《ご》神経《しんけい》すいじゃくってなに?

神経《しんけい》すいじゃくは、トランプのゲームの一《ひと》つ。ばらばらにふせてあるカードを二枚《にまい》ずつめくって、同《おな》じ数字《すうじ》のカードを見《み》つけるゲームだよ。

四《よ》字《じ》熟《じゅく》語《ご》神経《しんけい》すいじゃくもルールはだいたい同《おな》じ。ふせてあるカードをめくって、二枚《にまい》のカードに二字《にじ》ずつに分《わ》けた四《よ》字《じ》熟《じゅく》語《ご》を見《み》つけるゲームなんだ。

▲四《よ》字《じ》熟《じゅく》語《ご》ができたと思《おも》ったら,みんなに意味《いみ》を言《い》う。

四字熟語神経《よじじゅくごしんけい》すいじゃくの遊《あそ》び方《かた》

1 熟語《じゅくご》カードをつくる

参加《さんか》する人全員《ひとぜんいん》（四《よん》～六人《ろくにん》）で熟語《じゅくご》カードをつくります。同《おな》じ熟語《じゅくご》がまざらないようにしましょう。

① 画用紙《がようし》などの厚《あつ》めの紙《かみ》を切《き》って、トランプほどの大《おお》きさのカードを四十枚《よんじゅうまい》ぐらいつくります。

② 辞典《じてん》などを調《しら》べて、好《す》きな四字熟語《よじじゅくご》を十五《じゅうご》から二十語《にじゅうご》選《えら》びます。

③ 選《えら》んだ四字熟語《よじじゅくご》を、上《うえ》の二字《にじ》と下《した》の二字《にじ》に分《わ》けて別々《べつべつ》のカードに書《か》きます。

▲一《ひと》つの四字熟語《よじじゅくご》を，二字《にじ》ずつ二枚《にまい》のカードに書《か》く。

四字熟語《よじじゅくご》を選《えら》んだら、その意味《いみ》もノートなどにまとめておこう。

2 四字熟語神経《よじじゅくごしんけい》すいじゃくをする

① つくった熟語《じゅくご》カードをよく切《き》って、裏返《うらがえ》しにしてばらばらにならべます。

② グループの中《なか》で一人《ひとり》が審判役《しんぱんやく》になり、残《のこ》りの人《ひと》は参加者《さんかしゃ》になります。

③ 参加者《さんかしゃ》は、順番《じゅんばん》に好《す》きなカードを二枚《にまい》めくります。

●四字熟語《よじじゅくご》ができたと思《おも》ったとき
正《ただ》しいと思《おも》う順番《じゅんばん》にならべて、その意味《いみ》を言《い》います。熟語《じゅくご》と意味《いみ》が合《あ》っていれば二枚《にまい》のカードをもらって、また二枚《にまい》めくります。合《あ》っていなければ、裏返《うらがえ》しにして場《ば》にもどします。

●四字熟語《よじじゅくご》ができていないと思《おも》ったとき
裏返《うらがえ》しにして場《ば》にもどします。

④ 審判役《しんぱんやく》は、意味《いみ》をまとめておいたノートなどを使《つか》って答《こた》え合《あ》わせをします。

正解《せいかい》です。

⑤ ならべたカードがなくなったら終《お》わりです。いちばん多《おお》くカードを取《と》った人《ひと》が優勝《ゆうしょう》です。

ほかの人《ひと》が取《と》った四字熟《よじじゅく》語《ご》も覚《おぼ》えられるね。

前《まえ》の人《ひと》が、カードは合《あ》っているのに順番《じゅんばん》や意味《いみ》をまちがえたりすると、次《つぎ》の人《ひと》は大《だい》チャンスだね。

ほかのグループと熟語《じゅくご》カードをこうかんすると、いろいろな四字熟語《よじじゅくご》が覚《おぼ》えられるよ。

身近《みぢか》な四字熟語《よじじゅくご》をさがそう！

みんなの身《み》のまわりにも，いろいろな四字《よじ》熟語《じゅくご》があるよ。四字熟語《よじじゅくご》には，大切《たいせつ》なことを短《みじか》くわかりやすく伝《つた》える効果《こうか》があるから，注《ちゅう》意事項《いじこう》などの中《なか》で使《つか》われることも多《おお》いね。

春夏秋冬《しゅんかしゅうとう》	天地無用《てんちむよう》
四捨五入《ししゃごにゅう》	雨天決行《うてんけっこう》

天地無用《てんちむよう》：荷物《にもつ》を運《はこ》ぶとき，上下《じょうげ》をさかさまにするなという注意《ちゅうい》のことば。

Let's enjoy!

▲出題者《しゅつだいしゃ》が，相手《あいて》チームに問題《もんだい》を出《だ》しているところ。

2

たのしもう！

四字熟語《よじじゅくご》ゲーム

▲相談《そうだん》して，答《こた》えを出《だ》したところ。

四字熟語《よじじゅくご》ゲームってなに？

四人一組《よにんひとくみ》の二《に》チームが、問題《もんだい》を出《だ》し合《あ》って四字熟語《よじじゅくご》を答《こた》えるゲームだよ。チームで相談《そうだん》したり辞典《じてん》を調《しら》べたりするので、チームワークも大切《たいせつ》だよ。

四字熟語《よじじゅくご》ゲームの遊《あそ》び方《かた》

1 チーム分《わ》けをする

四人一組《よにんひとくみ》でチームをつくります。司会《しかい》も一人《ひとり》決《き》めておきましょう。

2 準備《じゅんび》をする

❶対戦《たいせん》する二《に》チームが向《む》かい合《あ》ってすわります。

❷それぞれの机《つくえ》の上《うえ》には、答《こた》えを書《か》くための白《しろ》い紙《かみ》とサインペンを置《お》きます。

❸黒板《こくばん》には得点表《とくてんひょう》を書《か》きます。

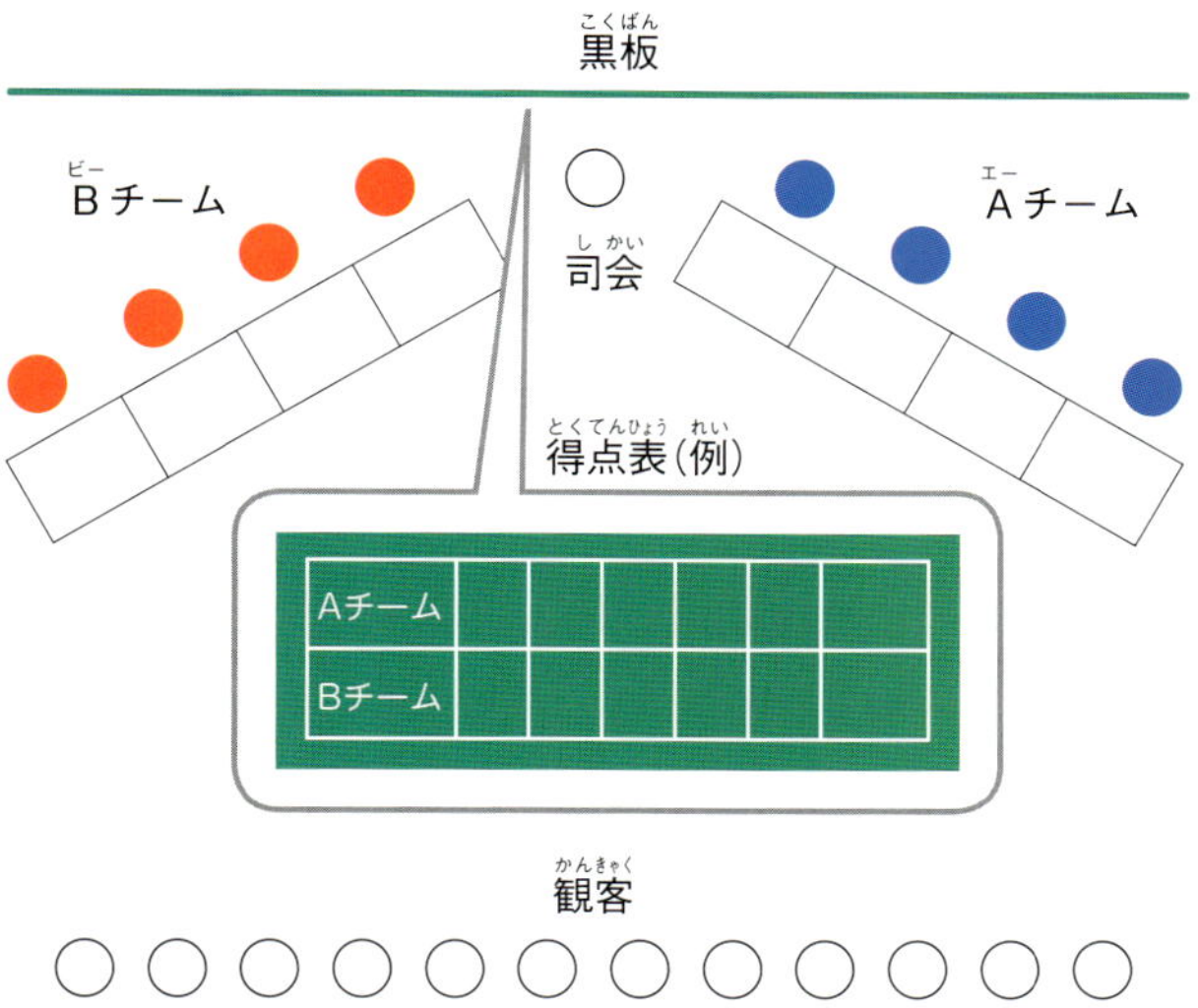

黒板《こくばん》
Bチーム《ビー》
Aチーム《エー》
司会《しかい》
得点表《とくてんひょう》(例《れい》)
Aチーム
Bチーム
観客《かんきゃく》

3 四字熟語《よじじゅくご》ゲームをする

❶全《ぜん》チームで、対戦《たいせん》する順番《じゅんばん》と先攻《せんこう》・後攻《こうこう》を決《き》めます。

❷後攻《こうこう》チームの出題者《しゅつだいしゃ》は、問題《もんだい》となる四字《よじ》熟語《じゅくご》の意味《いみ》だけを言《い》います。むずかしすぎる語《ご》が出《で》ないように、あらかじめ出題《しゅつだい》できる語《ご》を決《き》めておいてもいいでしょう。

❸先攻《せんこう》チームは相談《そうだん》して、一分以内《いっぷんいない》に答《こた》えの四字熟語《よじじゅくご》を一人一字《ひとりいちじ》ずつ紙《かみ》に書《か》いて答《こた》えます。資料《しりょう》として、辞書《じしょ》などを一冊《いっさつ》だけ使《つか》ってもよいことにします。

❹司会《しかい》は、先攻《せんこう》チームの答《こた》えが合《あ》っていたら黒板《こくばん》の得点表《とくてんひょう》に○を、まちがっていたら×を書《か》きます。

この本《ほん》の「いろいろな四《よ》字熟語《じじゅくご》」(44～45ページ)を使《つか》うのもいいね。

観客席《かんきゃくせき》のだれかに二回《にかい》だけ聞《き》けるなど、答《こた》えがわからないときの助《たす》け船《ぶね》として、「ヒントタイム」をつくるのはどうかな。

四字《よじ》とも、正《ただ》しい漢字《かんじ》が書《か》けているかどうかもポイントだよ。

危
機
一
発
一字目
二字目
三字目
四字目
残念《ざんねん》でした。「髪《はつ》」の字《じ》がちがいます。

❺次《つぎ》は、先攻《せんこう》チームが問題《もんだい》を出《だ》して後攻《こうこう》チームが答《こた》えます。

❻これを数回《すうかい》くり返《かえ》して、○が多《おお》いチームの勝《か》ちです。

トーナメント戦《せん》やリーグ戦《せん》など、クラスでもり上《あ》がる方法《ほうほう》を工夫《くふう》するのもいいね。

ことば遊《あそ》び

1
竹《たけ》やぶ焼《や》けた。
2
どこの竹《たけ》やぶが火事《かじ》なの？
ちがうわよ。回文《かいぶん》をつくっていたの。
3
上《うえ》から読《よ》んでも下《した》から読《よ》んでも同《おな》じに読《よ》めることばや文《ぶん》を、回文《かいぶん》っていうのよ。
たけやぶやけた
へえ。
4
次《つぎ》の日《ひ》――
痛《いた》い、また頭痛《あたまいた》い。
いたいまたあたまいたい
あ、今日《きょう》も回《かい》文《ぶん》づくりがんばってるな。

ことば遊《あそ》びってなに？

ことばを使《つか》って、なにかをおもしろおかしく表《あらわ》したり、気《き》のきいた言《い》い方《かた》をしたりするのがことば遊《あそ》びだよ。みんながよく知《し》っているなぞなぞや早口《はやくち》ことばも、ことば遊《あそ》びの一《ひと》つなんだ。日本《にほん》には、昔《むかし》からいろいろなことば遊《あそ》びがあったんだよ。

ことば遊《あそ》びをしていると，いろいろなことばを覚《おぼ》えられそう。
ふだん使《つか》っているだじゃれも，立派《りっぱ》なことば遊《あそ》びなんだね。
たったひと言《こと》の楽《たの》しいことばで，その場《ば》のふんいきがぱっと変《か》わることがあるね。

いろいろなことば遊《あそ》び

日本語《にほんご》のことば遊《あそ》びには、たくさんの種類《しゅるい》があるよ。チャレンジしてみよう。

回《かい》文《ぶん》

上《うえ》から読《よ》んでも下《した》から読《よ》んでも、同《おな》じに読《よ》めることばや文《ぶん》。

例《れい》

いかたべたかい
（いか食《た》べたかい。）

わたしまけましたわ
（わたし、負《ま》けましたわ。）

回《かい》文《ぶん》歌《か》

回文《かいぶん》になっている和歌《わか》のこと。昔《むかし》の人《ひと》は，こんなふうにつくっていたよ。

長《なか》き夜《よ》の　遠《とお》のねふりの　みな目《め》ざめ
波《なみ》乗《の》り船《ふね》の　音《おと》のよきかな
（なかきよのとおのねふりのみなめざめなみのりふねのおとのよきかな）
※「ねふり」は「ねむり」の意味《いみ》。

長《なが》い夜《よる》の遠《とお》い眠《ねむ》りも覚《さ》めてしまう。それくらい，波《なみ》に乗《の》る船《ふね》の立《た》てる音《おと》がここちよい。

折《お》り句《く》

俳句《はいく》や短歌《たんか》などの五《ご》・七《しち》・五《ご》（・七《しち》・七《しち》）のそれぞれの頭《あたま》に、動物《どうぶつ》や植物《しょくぶつ》の名前《なまえ》・人名《じんめい》・地名《ちめい》などを折《お》りこんだもの。詩《し》や短《みじか》い文句《もんく》の行《ぎょう》の先《せん》頭《とう》に、別《べつ》のことばを折《お》りこんだものも折《お》り句《く》の仲間《なかま》。

例《れい》

と　ときどきこまることがあっても
も　もうだいじょうぶ
だ　だってみんなで
ち　ちからを合《あ》わせればいいから

なぞかけ

「○○とかけて、××ととく。」と、関係《かんけい》のなさそうな二《ふた》つのものをあげたあとに、「そのこころは。」「△△。」というふうに、しゃれなどを使《つか》っておもしろい共通点《きょうつうてん》を言《い》う遊《あそ》び。

例《れい》

「大人気《だいにんき》のまんがとかけて、全身《ぜんしん》まっ白《しろ》の犬《いぬ》ととく。」
「そのこころは。」
「おもしろい（尾《お》も白《しろ》い）。」

しゃれ・語呂合《ごろあ》わせ

同《おな》じ音《おん》や、にた音《おん》のことばの組《く》み合《あ》わせを使《つか》って、おもしろおかしく言《い》い表《あらわ》すことば。

例《れい》

おそれ入谷《いりや》の鬼子母神《きしぼじん》。
すべって転《ころ》んで大分県《おおいたけん》。

早口《はやくち》ことば

同《おな》じ音《おん》がいくつも重《かさ》なったり、口《くち》の動《うご》かし方《かた》が複雑《ふくざつ》だったりして、早口《はやくち》で言《い》うのがむずかしいことば。

例《れい》

赤巻紙《あかまきがみ》、青巻紙《あおまきがみ》、黄巻紙《きまきがみ》。
このくぎは、引《ひ》きぬきにくいくぎだ。

Let's enjoy!

1

たのしもう！

回《かい》文《ぶん》コンテスト

オリジナル回文
はと　まさかさかさまとは
（ハト、まさかさかさまとは。）
わたし　がけでけがしたわ
たしかにつなをなつにかした
（確かにつなを夏に貸した。）
かいすいよく　よいすいか
（海水浴、よいすいか。）

▲よくできていると思《おも》う回文《かいぶん》に投票《とうひょう》しているところ。

回文《かいぶん》コンテストってなに？

グループでつくった回文《かいぶん》をみんなの前《まえ》で発表《はっぴょう》して、どの回文《かいぶん》がいちばんよくできているかを投票《とうひょう》で決《き》めるコンテストだよ。できるだけ長《なが》く、楽《たの》しい回《かい》文《ぶん》をつくって、回文《かいぶん》チャンピオンをめざそう。

回文《かいぶん》づくりのルール

①片方《かたほう》から読《よ》むときは濁音《だくおん》（「が」「ざ」など）や半濁音《はんだくおん》（「ぱ」「ぴ」など）でも、逆《ぎゃく》から読《よ》むときは「か」「さ」「は」「ひ」などと読《よ》んでもよい。

②片方《かたほう》から読《よ》むときは拗音《ようおん》（「ゃ」「ゅ」など）や促音《そくおん》（「っ」）でも、逆《ぎゃく》から読《よ》むときは「や」「ゆ」「つ」などと読《よ》んでもよい。

③片仮名《かたかな》の長音《ちょうおん》「ー」は無視《むし》してもよい。

④助詞《じょし》の「は」「を」「へ」は、それぞれ「わ」「お」「え」と読《よ》んでもよい。

⑤「ず」と「づ」、「じ」と「ぢ」は同《おな》じものとして使《つか》ってもよい。

回文《かいぶん》コンテストのやり方《かた》

1 回文《かいぶん》をつくる

次《つぎ》の回文《かいぶん》のつくり方《かた》を参考《さんこう》にしましょう。

回文《かいぶん》のつくり方《かた》

❶回文《かいぶん》に使《つか》えることばをさがそう。

●ことばが、そのまま回文《かいぶん》になっているもの。

例《れい》

痛《いた》い（いたい）
歌《うた》う（うたう）
キツツキ

●逆《ぎゃく》から読《よ》むと、ちがうことばになるもの。

例《れい》

庭《にわ》↕ワニ
砂《すな》↕ナス
予想《よそう》↕うそよ
悪《わる》い↕いるわ
魚《さかな》↕中《なか》さ

辞典《じてん》の見出《みだ》し語《ご》を逆《ぎゃく》に読《よ》んでいくと、見《み》つけやすいよ。

❷集《あつ》めた回文《かいぶん》をつなごう。

●ことばの間《あいだ》に、助詞《じょし》（「は」「が」「の」など）をはさむ。

例《れい》

いたいのいたい
（痛《いた》いの、痛《いた》い。）
よそうはうそよ
（予想《よそう》はうそよ。）

●「逆《ぎゃく》から読《よ》むと、ちがうことばになるもの」の間《あいだ》に、「ことばがそのまま回文《かいぶん》になっているもの」をはさむ（いっしょに助《じょ》詞《し》をはさんでもよい）。

例《れい》

にわでうたうでわに
（庭《にわ》で歌《うた》うで、ワニ。）
わるいきつつきいるわ
（悪《わる》いキツツキ、いるわ。）

こうやってことばをつなげていけば、どんどん長《なが》い回文《かいぶん》ができそうだね。

2 できた回文《かいぶん》を紙《かみ》に書《か》く

模造紙《もぞうし》を切《き》った大《おお》きめの紙《かみ》に、できた回《かい》文《ぶん》を書《か》きましょう。

▲わかりやすいように、読《よ》みやすくした文《ぶん》もそえる。

回文《かいぶん》に合《あ》った絵《え》を入《い》れても、おもしろいね。

3 回文《かいぶん》を発表《はっぴょう》する

すべてのグループの回文《かいぶん》を、黒板《こくばん》にならべてはります。グループごとに、つくるときに工夫《くふう》したところや、うまくいったところなどを紹介《しょうかい》するのもいいでしょう。

4 投票《とうひょう》する

どの回文《かいぶん》がいちばんよくできていると思《おも》うか、全員《ぜんいん》で投票《とうひょう》します。いちばん票《ひょう》が多《おお》かった回文《かいぶん》が優勝《ゆうしょう》です。

投票《とうひょう》するときは、どこがよかったのか理由《りゆう》をあげるといいね。

Let's enjoy!

2 たのしもう！ 大喜利《おおぎり》

▲大喜利《おおぎり》をしているところ。

大喜利《おおぎり》ってなに？

大喜利《おおぎり》（大切《おおぎり》とも書《か》く）は、もとは歌《か》舞《ぶ》伎《き》などで、その日《ひ》のいちばん最後《さいご》の演目《えんもく》を指《さ》すことばだったんだ。そのあと寄席《よせ》（落語《らくご》などが演《えん》じられる場所《ばしょ》）でも、一日《いちにち》の最後《さいご》の出《だ》し物《もの》のことをこう呼《よ》ぶようになったといわれているよ。寄席《よせ》の大喜利《おおぎり》では、何人《なんにん》かの演者《えんじゃ》が、「お題《だい》」に対《たい》して、いかにおもしろい答《こた》えを言《い》えるかをきそい合《あ》うことがあるんだ。折《お》り句《く》やなぞかけなどのことば遊《あそ》びが取《と》り上《あ》げられることも多《おお》いよ。

折《お》り句《く》

な 鳴《な》き続《つづ》けるセミ
つ ついつい夜《よ》ふかし
や やたら暑《あつ》いけど
す スイカもおいしい
み みんなが大好《だいす》き

なぞかけ

「インクのきれたペンとかけて、
背中《せなか》がかゆいときととく。」
「そのこころは。」
「かきたくても、かけない。」

大喜利《おおぎり》のやり方《かた》

1 ことば遊《あそ》びを決《き》める

全員《ぜんいん》で、どんなことば遊《あそ》びをするのかを決《き》めます。楽《たの》しくできそうなものを選《えら》びましょう。

例《れい》
- 折《お》り句《く》
- なぞかけ

2 役割《やくわり》を決《き》める

役割《やくわり》を決《き》めます。参加《さんか》する人《ひと》が大勢《おおぜい》の場《ば》合《あい》は、グループに分《わ》かれるといいでしょう。

3 お題《だい》を決《き》める

それぞれのことば遊《あそ》びごとにお題《だい》を決《き》めて、あらかじめ答《こた》えをいくつか考《かんが》えておきます。

司会《しかい》
参加《さんか》する人《ひと》

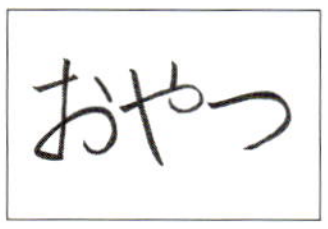

おやつ

◀決《き》めたお題《だい》を画用紙《がようし》などに書《か》いて，司《し》会《かい》が持《も》つ。

4 大喜利《おおぎり》をする

参加《さんか》する人《ひと》は決《き》まった場所《ばしょ》にすわります。司会《しかい》は、ことば遊《あそ》びの名前《なまえ》を言《い》ってから、紙《かみ》に書《か》いたお題《だい》をしめします。当《あ》てる順番《じゅんばん》は前《まえ》もって決《き》めておいても、司会《しかい》の判断《はんだん》でその場《ば》で決《き》めてもいいでしょう。

例《れい》

司会《しかい》　それでは、大喜利《おおぎり》を始《はじ》めます。ことば遊《あそ》びは折《お》り句《く》です。最初《さいしょ》のお題《だい》はこれ、「おやつ」です。
○○　はい！
司会《しかい》　はい、○○さん。まずは「おやつ」の「お」！
○○　おなかいっぱいでも、
司会《しかい》　「おやつ」の「や」！
○○　やっぱりやめられずに、
司会《しかい》　「おやつ」の「つ」！
○○　ついつい食《た》べてしまうケーキ！
司会《しかい》　「おなかいっぱいでも、やっぱりやめられずに、ついつい食《た》べてしまうケーキ！」。ケーキだけに、うまい!!

なれてきたら、五七五《ごしちご》の俳句《はいく》でつくるのもいいね。

司会《しかい》　次《つぎ》のことば遊《あそ》びはなぞかけです。一《ひと》つ目《め》のお題《だい》はこれ、「算数《さんすう》」です。
○○　はい！
司会《しかい》　はい、○○さん。
○○　「算数《さんすう》」とかけて、「日本人《にほんじん》の生活《せいかつ》」ととく。
司会《しかい》　そのこころは。
○○　「しき」が欠《か》かせないでしょう。
司会《しかい》　うまい！　「算数《さんすう》」の「式《しき》」と春夏秋冬《しゅんかしゅうとう》の「四季《しき》」がかけてあります。

その場《ば》でいい答《こた》えが思《おも》いついたら、それを発表《はっぴょう》してもいいよ。

昔《むかし》の人《ひと》も折《お》り句《く》を考《かんが》えていた！

昔《むかし》の短歌《たんか》や俳句《はいく》などの中《なか》にも，折《お》り句《く》でことばを折《お》りこんだものがあるよ。

か　から衣《ころも》
き　きつつなれにし
つ　つましあれば
は　はるばる来《き》ぬる
た　たびをしぞ思《おも》ふ《う》　（『伊勢物語《いせものがたり》』在原　業平《ありわらのなりひら》）

（着《き》なれたから衣《ころも》のようになれ親《した》しんだ妻《つま》が都《みやこ》にいるから，はるばる来《き》たこの旅《たび》の遠《とお》さが思《おも》われる。）

「かきつばた」という植物《しょくぶつ》の名前《なまえ》が折《お》りこまれているよ。

口《こう》上《じょう》

ガマの油
ガマの油
お父《とう》さん、あれはなにをしているの?
あれはガマの油売《あぶらう》りの口上《こうじょう》だよ。昔《むかし》はああやって、カエルのあせからつくった薬《くすり》を売《う》っていたんだ。
あせからつくった薬《くすり》……。
お父《とう》さんのあせも、薬《くすり》になればいいのにね。
それとこれとは……。

口上《こうじょう》ってなに?

もともとは、人《ひと》が集《あつ》まる場所《ばしょ》や路上《ろじょう》などで商売《しょうばい》をする人《ひと》たちが、物《もの》を売《う》るときに口《くち》にした文句《もんく》のことだよ。それが大道芸《だいどうげい》の一《ひと》つとして、現在《げんざい》まで受《う》けつがれてきたんだ。口上《こうじょう》の文句《もんく》には、道行《みちゆ》く人《ひと》の注意《ちゅうい》を引《ひ》いたり、わかりやすく紹介《しょうかい》したりするために、いろいろな工夫《くふう》がこらされているんだよ。

どの口上《こうじょう》にも独《どく》特《とく》のリズムや節《ふし》回《まわ》しがあって，自然《しぜん》とまねしてみたくなるよね。
いせいがよくて，聞《き》いていて元気《げんき》が出《で》るよ。
歩《ある》いている人《ひと》が，思《おも》わず足《あし》を止《と》めたくなるようなおもしろさがあるよね。

いろいろな口《こう》上《じょう》
ガマの油《あぶら》売《う》り
ガマの油
ガマの油
さァて、お立《た》ち合《あ》い！　手前《てまえ》、ここに取《と》り出《いだ》しましたのは、陣中膏《じんちゅうこう》は四六《しろく》のガマだ……。
バナナのたたき売《う》り
バナナの叩き
口《くち》は悪《わる》いが勘弁《かんべん》してくれよ。上品《じょうひん》に売《う》ってたんじゃバナナがくさっちまうから、言《い》いたい放題《ほうだい》言《い》わしてもらうのもバナナ売《う》りの役得《やくとく》……。
外郎売《ういろうう》り
ういらう
うらいう
拙者親方《せっしゃおやかた》と申《もう》すは、お立《た》ち合《あ》いの中《うち》に、ご存知《ぞんじ》のお方《かた》もございましょうが、……。
南京玉《なんきんたま》すだれ
あ、さて、あ、さて、さて、さて、さて、さて、さても南京玉《なんきんたま》すだれ、世《よ》にも不思議《ふしぎ》な玉《たま》すだれ……。

ガマの油売《あぶらう》り

「ガマの油《あぶら》」という傷薬《きずぐすり》を売《う》るときの口上《こうじょう》。ガマ（ヒキガエル）のあせから、薬《くすり》をつくる方《ほう》法《ほう》を説明《せつめい》するところが楽《たの》しい。江戸時代《えどじだい》からあったといわれる口上芸《こうじょうげい》で、茨城県《いばらきけん》の筑波山《つくばさん》の名物《めいぶつ》として有名《ゆうめい》なんだ。

外《うい》郎売《ろうう》り

飲《の》むと舌《した》が回《まわ》るようになるという薬《くすり》、「透頂香《とうちんこう》」、別名《べつめい》「外郎《ういろう》」を売《う》るときの口上《こうじょう》。後半《こうはん》の早《はや》口《くち》ことばの部分《ぶぶん》が聞《き》かせどころだよ。江戸時《えどじ》代《だい》、歌舞伎役者《かぶきやくしゃ》の二代目《にだいめ》市川團十郎《いちかわだんじゅうろう》が、初《はじ》めて演《えん》じたとされているんだ。

バナナのたたき売《う》り

「たんか売《うり》」とよばれる商売《しょうばい》のしかたの一《ひと》つで、大声《おおごえ》でバナナの安売《やすう》りをする口上《こうじょう》。いせいのよさとリズミカルなせりふ回《まわ》しが特徴《とくちょう》だ。福岡県北九州市《ふくおかけんきたきゅうしゅうし》の門司港《もじこう》で、外国《がいこく》から運《はこ》ばれてくる間《あいだ》に、傷《きず》がついてしまったバナナを売《う》るときに行《おこな》ったのが最初《さいしょ》といわれているよ。

南《なん》京玉《きんたま》すだれ

細《ほそ》い竹《たけ》の棒《ぼう》を編《あ》んだ南京玉《なんきんたま》すだれという小《こ》道具《どうぐ》を使《つか》った口上《こうじょう》。お客《きゃく》さんの前《まえ》で、口上《こうじょう》に合《あ》わせて、玉《たま》すだれをいろいろな形《かたち》に変《か》えるんだ。「南京玉《なんきんたま》すだれ」という名前《なまえ》は、「南京無双《なんきんむそう》玉《たま》すだれ」が短《みじか》くなったものといわれているよ。南京《なんきん》は中国《ちゅうごく》の都市《とし》。江戸時代《えどじだい》の日本《にほん》で、文化《ぶんか》の進《すす》んだ都市《とし》と考《かんが》えられていたんだ。

1

演《えん》じよう!

外《うい》郎《ろう》売《う》り

台本例《だいほんれい》

大きな声で勢いよく
遠くへ視線を向けるように

拙者親方《せっしゃおやかた》と申《もう》すは、お立《た》ち合《あ》いの中《うち》に、ご存知《ぞんじ》のお方《かた》もございましょうが、お江戸《えど》をたって二十里《にじゅうり》上方《かみがた》、相州《そうしゅう》小田原《おだわら》、一色町《いっしきまち》をお過《す》ぎなされて、青物町《あおものちょう》を登《のぼ》りへおいでなさるれば、欄干橋虎屋藤右衛《らんかんばしとらやとうえ》門《もん》、只今《ただいま》は剃髪《ていはつ》いたして、円斉《えんさい》と名乗《なの》りまする。

薬を一つぶ、口に入れるようなしぐさをしながら

イヤ最前《さいぜん》より家名《かめい》の自慢《じまん》ばかり申《もう》しても、ご存知《ぞんじ》ない方《かた》には、正《しょう》身《じん》の胡椒《こしょう》の丸呑《まるの》み、白河夜船《しらかわよふね》、さらば一粒《いちりゅう》食《た》べかけて、その気味合《きみあ》いをお目《め》にかけましょう。

少し間をとってから

さて、この薬《くすり》、第一《だいいち》の奇妙《きみょう》には、舌《した》の回《まわ》ることが銭《ぜに》ごまがはだしで逃《に》げる。

なるべく早口で

武具《ぶぐ》・馬具《ばぐ》・ぶぐ・ばぐ・三《み》ぶぐばぐ、合《あ》わせて武具《ぶぐ》・馬具《ばぐ》・六《む》ぶぐばぐ。菊《きく》・栗《くり》・きく・くり・三《み》きくくり、合《あ》わせて菊《きく》・栗《くり》・六《む》きくくり。麦《むぎ》・ごみ・むぎ・ごみ・三《み》むぎごみ、合《あ》わせて麦《むぎ》・ごみ・六《む》むぎごみ。

現代語訳《げんだいごやく》

わたしの親方《おやかた》というのは、ご存知《ぞんじ》のお客《きゃく》さんもいらっしゃると思《おも》いますが、江戸《えど》から京都《きょうと》へ向《む》かって八十《はちじっ》キロメートルほど行《い》った神奈川県《かながわけん》は小田原《おだわら》の、欄干橋虎屋藤右衛門《らんかんばしとらやとうえもん》、今《いま》はおぼうさんになって円斉《えんさい》と名乗《なの》っている人《ひと》です。

ですが、名前《なまえ》だけ言《い》っても、知《し》らない方《かた》にはなんのことやらわからないでしょうから、わたしが一《ひと》つぶ口《くち》にしてみて、その効《き》き具合《ぐあい》をお見《み》せしましょう。

この薬《くすり》のいちばんすごいところは、飲《の》むと舌《した》が回《まわ》り始《はじ》めることです。(以下《いか》、早口《はやくち》ことば)

出典『新版・大道芸口上集』久保田尚 評伝社 ※一部表記を改めています。

二十里《にじゅうり》……約八十《やくはちじっ》キロメートル。「里《り》」はきょりの単位《たんい》で、一里《いちり》は約四《やくよん》キロメートル。

相州《そうしゅう》……相模《さがみ》の国《くに》。現在《げんざい》の神奈川県《かながわけん》の大部分《だいぶぶん》にあたる、昔《むかし》の地名《ちめい》。

剃髪《ていはつ》……かみの毛《け》をそり、おぼうさんになる。

白河夜船《しらかわよふね》……ねむっていて気《き》づかない様子《ようす》。

銭《ぜに》ごま……穴《あな》のあいた硬貨《こうか》に棒《ぼう》を通《とお》して、こまにしたもの。

▶外郎売《ういろうう》りを演《えん》じているところ。

▶大道芸《だいどうげい》の外郎売《ういろうう》り。

外郎売《ういろうう》りの演《えん》じ方《かた》

1 演《えん》じ方《かた》を工夫《くふう》する

右《みぎ》ページの口上《こうじょう》を読《よ》み、口上《こうじょう》らしく演《えん》じるためのポイントを話《はな》し合《あ》いましょう。

現代語訳《げんだいごやく》を見《み》てから読《よ》むと、どの部分《ぶぶん》を強調《きょうちょう》すればいいかがわかるよ。

大《おお》きな声《こえ》で、堂々《どうどう》と読《よ》むといいんじゃないかな。

早口《はやくち》でも、ひと言《こと》ひと言《こと》をはっきりと発音《はつおん》して、聞《き》く人《ひと》に伝《つた》わるようにしないとね。

リズムよく読《よ》むと、早口《はやくち》ことばの部分《ぶぶん》がより効果《こうか》的《てき》になりそうだね。

早口《はやくち》ことばの部分《ぶぶん》は、どこで息《いき》つぎをするのかを考《かんが》えて読《よ》んだほうがよさそうだね。

2 演出《えんしゅつ》を工夫《くふう》する

聞《き》いている人《ひと》が、より「外郎《ういろう》」に興味《きょうみ》をもつような演《えん》じ方《かた》の工夫《くふう》をしましょう。

❶ のぼりや箱《はこ》などの小《こ》道具《どうぐ》を使《つか》う。

❷ 初《はじ》めの部分《ぶぶん》と早口《はやくち》ことばの部分《ぶぶん》で読《よ》む速《はや》さを変《か》えて、メリハリをつける。

❸ 身《み》ぶり手《て》ぶりなどの動《うご》きをつけて演《えん》じる。

3 発表《はっぴょう》する

せりふを暗記《あんき》して、みんなの前《まえ》で発表《はっぴょう》しましょう。

みんなの発表《はっぴょう》を聞《き》いて、よかった点《てん》や工夫《くふう》していた点《てん》などを話《はな》し合《あ》おう。

Step up《ステップ アップ》 早口《はやくち》ことばにチャレンジ！

「外郎売《ういろうう》り」の中《なか》でも、言《い》いにくい部分《ぶぶん》にチャレンジします。何秒《なんびょう》で、まちがえないではっきりと言《い》えるか競争《きょうそう》してみましょう。

武具《ぶぐ》・馬具《ばぐ》・ぶぐ・ばぐ・三《み》ぶぐばぐ、合《あ》わせて武具《ぶぐ》・馬《ば》具《ぐ》・六《む》ぶぐばぐ。菊《きく》・栗《くり》・きく・くり・三《み》きくくり、合《あ》わせて菊《きく》・栗《くり》・六《む》きくくり。麦《むぎ》・ごみ・むぎ・ごみ・三《み》むぎごみ、合《あ》わせて麦《むぎ》・ごみ・六《む》むぎごみ。

まちがえずに言《い》うには、口《くち》を大《おお》きめに開《あ》けるようにするのがコツだよ。

最初《さいしょ》はゆっくりでもいいから、くり返《かえ》し練習《れんしゅう》して、だんだんスピードを上《あ》げていこう。

2 演《えん》じよう！

ガマの油《あぶら》売《う》り

台本例《だいほんれい》

大きな声で

さァて、お立《た》ち合《あ》い！　手前《てまえ》、ここに取《と》り出《いだ》しましたのは、陣中《じんちゅう》膏《こう》は四六《しろく》のガマだ。縁《えん》の下《した》や、そんじょそこらにいるガマとはガマがちがう。

ちょっとばかにしたように

あんなものには

商品を取り出して力強く見せる

薬石効能《やくせきこうのう》がない。

自信ありげに

手前《てまえ》のは、常陸《ひたち》の国《くに》は関東《かんとう》の霊山《れいざん》筑波山《つくばさん》で獲《と》れた四六《しろく》のガマだ。

数字をはっきりと、テンポよく

四六《しろく》、五六《ごろく》はどこでわかるか。前足《まえあし》の指《ゆび》が四本《よんほん》、後足《うしろあし》の指《ゆび》が六本《ろっぽん》。これを名《な》づけて蟇蟬噪《ひきせんそう》は四六《しろく》のガマ。一年《いちねん》のうち、五月《ごがつ》、八月《はちがつ》、十月《じゅうがつ》に獲《と》れるところから、一名五八十《いちめいごはっそう》の四六《しろく》のガマともいう。

大きな声で

さァて、お立《た》ち合《あ》い！

語りかけるように

では、このガマから油《あぶら》をとるにはどうするか。筑波山《つくばさん》はふもとの住人《じゅうにん》、山《やま》へ登《のぼ》る。木《き》の根《ね》、草《くさ》の根《ね》深《ふか》く分《わ》け入《い》り、大葉子《おおばこ》という露草《つゆくさ》を喰《く》らい育《そだ》ったガマを、

テンポよく

四角四面《しかくしめん》は鏡張《かがみば》り、下金網《したかなあみ》の箱《はこ》の中《なか》へと追《お》いつめる。

ガマになったつもりで、おびえたように

小心《しょうしん》もののガマは、鏡《かがみ》に映《うつ》るおのがみにくい姿《すがた》におどろいて、流《なが》す油《あぶら》の汗《あせ》がタラーリ、タラリ。

長めにのばす

これをば金網《かなあみ》の下《した》より取《と》り出《いだ》し、三《さん》、七《しち》、二十一日間《にじゅういちにちかん》、やなぎの小枝《こえだ》をもって煮炊《にた》きしめ、

テンポよく

赤《あか》い辰砂《しんしゃ》に椰《や》子《し》油《あぶら》、テレメンテイナ、メンテイカ。唐《から》、天竺《てんじく》、南蛮渡来《なんばんとらい》の妙薬《みょうやく》と練《ね》り合《あ》わせ、練《ね》り固《かた》めたものがこの油《あぶら》だ。

力強く

出典『新版・大道芸口上集』久保田尚　評伝社　※一部表記を改めています。

手前《てまえ》……………自分《じぶん》。

陣中膏《じんちゅうこう》………いくさのときに使《つか》う膏薬《こうやく》。膏薬《こうやく》は、油《あぶら》で練《ね》り固《かた》めた薬《くすり》のこと。

薬石効能《やくせきこうのう》……薬《くすり》としての効《き》き目《め》。

常陸《ひたち》の国《くに》……現在《げんざい》の茨城県《いばらきけん》の大部分《だいぶぶん》にあたる、昔《むかし》の地名《ちめい》。

霊山《れいざん》…………神聖《しんせい》な山《やま》。　**一名《いちめい》**…………別名《べつめい》。

おのが………自分《じぶん》の。　**辰砂《しんしゃ》**…………薬品《やくひん》の名前《なまえ》。

テレメンテイナ、メンテイカ……………膏薬《こうやく》をつくるときに使《つか》う油《あぶら》の種類《しゅるい》。

唐《から》、天竺《てんじく》、南蛮渡来《なんばんとらい》の……………海外《かいがい》のいろいろな国《くに》からわたってきた。

▶ガマの油売《あぶらう》りを演《えん》じているところ。

▶大道芸《だいどうげい》のガマの油売《あぶらう》り。

ガマの油売《あぶらう》りの演《えん》じ方《かた》

1 演《えん》じ方《かた》を工夫《くふう》する

右《みぎ》ページの口上《こうじょう》を読《よ》み、口上《こうじょう》らしく演《えん》じるためのポイントを話《はな》し合《あ》いましょう。

ものを売《う》るための文句《もんく》だから、大《おお》きな声《こえ》で、自信《じしん》たっぷりに読《よ》むのがいいんじゃないかな。

文末《ぶんまつ》を歯切《はぎ》れよく読《よ》むと、口上《こうじょう》らしい勢《いきお》いのよさが出《で》ると思《おも》うよ。

数字《すうじ》の部分《ぶぶん》を調子《ちょうし》よく読《よ》めば、テンポのいい口上《こうじょう》になりそうだね。

ガマがあせをたらす様子《ようす》が目《め》にうかぶように読《よ》みたいね。

読《よ》み方《かた》の工夫《くふう》を書《か》きこんだ、自分《じぶん》だけの台本《だいほん》をつくってもいいね。

2 演出《えんしゅつ》を工夫《くふう》する

聞《き》いている人《ひと》が、より「ガマの油《あぶら》」に興味《きょうみ》をもつような演《えん》じ方《かた》の工夫《くふう》をしましょう。

1. おもちゃの刀《かたな》や、武士《ぶし》ふうの衣装《いしょう》などの小道具《こどうぐ》を使《つか》う。
2. うったえかけるように、聞《き》いている人《ひと》に視線《しせん》を配《くば》る。
3. 動作《どうさ》をつけて演《えん》じる。

3 発表《はっぴょう》する

せりふを暗記《あんき》して、みんなの前《まえ》で発表《はっぴょう》しましょう。

ガマの油《あぶら》をいちばん買《か》いたくなるのはだれの口上《こうじょう》か、聞《き》きくらべてみるとおもしろいよ。

Step up《ステップ アップ》 オリジナルの口上《こうじょう》をつくってみよう！

「ガマの油売《あぶらう》り」を参考《さんこう》にして、自分《じぶん》のおすすめのものを売《う》るための口上《こうじょう》をつくってみましょう。

例《れい》

さァて、お立《た》ち合《あ》い！ 手前《てまえ》、ここに取《と》り出《いだ》しましたのは、とてもめずらしいはがきだ。そんじょそこらにあるはがきとはありがたみがちがう。あんなものにはあたたかみがない。手前《てまえ》のは、美濃《みの》の国《くに》は岐阜県《ぎふけん》の和紙職人《わししょくにん》がつくった手《て》づくり和紙《わし》のはがきだ。

自分《じぶん》のおすすめのものがほかの品物《しなもの》とどうちがうかを、ちゃんとアピールすることが大切《たいせつ》だね。

昔《むかし》の地名《ちめい》などを入《い》れると、口上《こうじょう》らしくなるね。

『史記《しき》』……34,36,41
四 自業自得《じごうじとく》……42
四 四捨五入《ししゃごにゅう》……47
慣 地団駄《じだんだ》をふむ……15,18
司馬遷《しばせん》……36
故 四面楚歌《しめんそか》……27
しゃれ・語呂合《ごろあ》わせ……51
『十七条《じゅうしちじょう》の憲法《けんぽう》』……36,37
朱熹《しゅき》……36
儒教《じゅきょう》……37,41
故 守株《しゅしゅ》……28
四 春夏秋冬《しゅんかしゅうとう》……47
聖徳太子《しょうとくたいし》……36,37
名 少年《しょうねん》老《お》い易《やす》く学《がく》成《な》り難《がた》し，〜……36
名 初心忘《しょしんわす》るべからず。……36
故 助長《じょちょう》……25,28
四 針小棒大《しんしょうぼうだい》……43,45
故 推敲《すいこう》……25,28
こ 好《す》きこそものの上手《じょうず》なれ……5,7,9
故 杜撰《ずさん》……28
慣 すずしい顔《かお》……15,18
慣 すずめのなみだ……15,18
こ 住《す》めば都《みやこ》……7
世阿弥《ぜあみ》……36,37
四 正々堂々《せいせいどうどう》……43,45
四 前代未聞《ぜんだいみもん》……45
こ 善《ぜん》は急《いそ》げ……6,7
四 相思相愛《そうしそうあい》……43,45

た行《ぎょう》

『大学《だいがく》』……41
故 大器晩成《たいきばんせい》……25,28
慣 太鼓判《たいこばん》をおす……18
慣 竹《たけ》を割《わ》ったよう……18
故 他山《たざん》の石《いし》……28
故 蛇足《だそく》……25,28
名 智《ち》に働《はたら》けば角《かど》が立《た》つ。〜……37
『中庸《ちゅうよう》』……41
故 朝三暮四《ちょうさんぼし》……29
こ ちりも積《つ》もれば山《やま》となる……5,7
慣 手《て》が出《で》ない……18
四 電光石火《でんこうせっか》……43,45
四 天地無用《てんちむよう》……47
名 天《てん》は人《ひと》の上《うえ》に〜……36
『東照公遺訓《とうしょうこういくん》』……36,37
こ 灯台下暗《とうだいもとくら》し……5,8
故 登竜門《とうりゅうもん》……25,29
こ 時《とき》は金《かね》なり……9,13
徳川家康《とくがわいえやす》……36,37
こ とらの威《い》を借《か》るきつね……5,8

な行《ぎょう》

名 仲良《なかよ》き事《こと》は美《うつく》しき哉《かな》。……37
こ 泣《な》きっ面《つら》にはち……5,8
こ 情《なさ》けは人《ひと》のためならず……8
なぞかけ……51,54
夏目漱石《なつめそうせき》……37
『南京玉《なんきんたま》すだれ』……57
こ 二階《にかい》から目薬《めぐすり》……5,8
四 二束三文《にそくさんもん》……45
こ 二足《にそく》のわらじをはく……8
こ 二兎《にと》を追《お》うものは一兎《いっと》をも得《え》ず……5,8
慣 二《に》の足《あし》をふむ……15,19
こ ねこに小判《こばん》……5,8,9
慣 ねこをかぶる……19
こ 寝耳《ねみみ》に水《みず》……9

は行《ぎょう》

故 背水《はいすい》の陣《じん》……25,29
『花鏡《はなかがみ》』……36,37
『バナナのたたき売《う》り』……57
こ 花《はな》より団子《だんご》……5,9,11
早口《はやくち》ことば……51
こ 針《はり》の穴《あな》から天《てん》をのぞく……11
范曄《はんよう》……36
名 人《ひと》の一生《いっしょう》は重荷《おもに》を負《お》うて〜……36
こ 火《ひ》のないところに
けむりは立《た》たない……9
故 百聞《ひゃくぶん》は一見《いっけん》にしかず……29
福沢諭吉《ふくざわゆきち》……36,37
故 覆水盆《ふくすいぼん》に返《かえ》らず……25,29
こ ぶたに真珠《しんじゅ》……5,8,9
四 平身低頭《へいしんていとう》……45
こ 下手《へた》の横好《よこず》き……5,7,9
こ へびに見《み》こまれたかえるのよう……5,9
こ 弁慶《べんけい》の泣《な》き所《どころ》……5,9
『方丈記《ほうじょうき》』……36,37

ま行《ぎょう》

こ まな板《いた》のこい……5,9
慣 まゆをひそめる……15,19
慣 道草《みちくさ》を食《く》う……14,19
慣 耳《みみ》を貸《か》す……15,19
武者《むしゃ》 小路実篤《のこうじさねあつ》……37
故 矛盾《むじゅん》……25,29,32
慣 胸《むね》をはる……15,19
名句《めいく》・名言《めいげん》……34
名句《めいく》・名言《めいげん》当《あ》てゲーム……40
慣 目《め》くじらを立《た》てる……19
慣 目《め》の中《なか》に入《い》れても痛《いた》くない……22
慣 目《め》を細《ほそ》くする……22
慣 目《め》を見《み》はる……15,19
『孟子《もうし》』……41
こ もちはもち屋《や》……4

や行《ぎょう》

四 優柔不断《ゆうじゅうふだん》……43,45
名 ゆく河《かわ》の流《なが》れは絶《た》えずして〜……36
四 油断大敵《ゆだんたいてき》……42
四字熟語《よじじゅくご》……42
四字熟語《よじじゅくご》ゲーム……48
四字熟語神経《よじじゅくごしんけい》すいじゃく……46

ら行《ぎょう》

名 李下《りか》に冠《かんむり》を正《ただ》さず。……36
四 老若男女《ろうにゃくなんにょ》……43,45
『論語《ろんご》』……35,37,38,41
『論語《ろんご》』マイベスト発表会《はっぴょうかい》……38
こ 論語読《ろんごよ》みの論語知《ろんごし》らず……11
こ 論《ろん》より証拠《しょうこ》……11

わ行《ぎょう》

慣 わき目《め》もふらず……15,19
名 和《わ》を以《もっ》て貴《とうと》しと為《な》し，〜……36

英語《えいご》

こ There is no smoke
without fire.……9
こ Time is money.……9

さくいん

この本《ほん》で出《で》てきたことばを50音順《おんじゅん》でならべています。
見出《みだ》し語《ご》の前《まえ》のマークは，次《つぎ》のように，それぞれのことばを表《あらわ》しています。
こ ことわざ　慣 慣用句《かんようく》　故 故事成語《こじせいご》　名 名句《めいく》・名言《めいげん》　四 四字熟語《よじじゅくご》

あ行《ぎょう》

こ 頭《あたま》かくしてしりかくさず ……5,6
慣 頭《あたま》をかかえる ……15,16
慣 油《あぶら》を売《う》る ……15,16
在原《ありわらの》 業平《なりひら》 ……55
こ 案《あん》ずるより産《う》むが易《やす》し ……5,6
四 意気消沈《いきしょうちん》 ……43,44
四 異口同音《いくどうおん》 ……44
こ 石《いし》の上《うえ》にも三年《さんねん》 ……6
こ 石橋《いしばし》をたたいてわたる ……5,6
四 以心伝心《いしんでんしん》 ……43,44
『伊勢物語《いせものがたり》』 ……55
こ 急《いそ》がば回《まわ》れ ……5,6,7
四 一触即発《いっしょくそくはつ》 ……43,44
四 一心不乱《いっしんふらん》 ……43,44
故 一炊《いっすい》の夢《ゆめ》 ……26
こ 一寸先《いっすんさき》は闇《やみ》 ……11
四 一石二鳥《いっせきにちょう》 ……43,44
こ 犬《いぬ》も歩《ある》けば棒《ぼう》に当《あ》たる ……5,6,11
『いろは歌《うた》』 ……10
いろはかるた ……10
『外郎売《ういろうう》り』 ……57,58
四 右往左往《うおうさおう》 ……43,44
四 雨天決行《うてんけっこう》 ……47
慣 うのみにする ……15,16
慣 馬《うま》が合《あ》う ……15,16
こ 馬《うま》の耳《みみ》に念仏《ねんぶつ》 ……5,6
慣 うり二《ふた》つ ……15,16
こ えびでたいをつる ……6
慣 えりを正《ただ》す ……16
大喜利《おおぎり》 ……54
慣 大目玉《おおめだま》を食《く》う ……22
慣 おしが強《つよ》い ……16
慣 お茶《ちゃ》の子《こ》さいさい ……15,16
慣 尾《お》ひれがつく ……15,17
こ おぼれる者《もの》は
わらをもつかむ ……5,7,13
慣 お目《め》にかかる ……22
慣 お安《やす》い御用《ごよう》 ……15,17
こ 親《おや》の心《こころ》子《こ》知《し》らず ……13
折《お》り句《く》 ……51,54,55

か行《ぎょう》

回文《かいぶん》 ……50,51
回文歌《かいぶんか》 ……51
回文《かいぶん》コンテスト ……52
回文《かいぶん》づくりのルール ……52
『学問《がくもん》のすゝ《す》め』 ……36,37
慣 かたをならべる ……15,17
四 花鳥風月《かちょうふうげつ》 ……43,44
慣 買《か》って出《で》る ……15,17
こ かっぱの川流《かわなが》れ ……5,7
故 鼎《かなえ》の軽重《けいちょう》を問《と》う ……26
『ガマの油売《あぶらう》り』 ……56,57,60
鴨《かもの》 長明《ちょうめい》 ……36,37
故 画竜点睛《がりょうてんせい》 ……25,26
こ かわいい子《こ》には旅《たび》をさせよ ……7
慣用句《かんようく》 ……14
慣用句《かんようく》ゲーム ……20
慣用句《かんようく》コント ……22
慣 気《き》が置《お》けない ……17
四 危機一髪《ききいっぱつ》 ……43,44
慣 聞《き》き耳《みみ》を立《た》てる ……15,17
四 喜怒哀楽《きどあいらく》 ……43,45
慣 肝《きも》をつぶす ……17
故 杞憂《きゆう》 ……25,26
故 漁夫《ぎょふ》の利《り》 ……24,25,26
『偶成《ぐうせい》』 ……36
『草枕《くさまくら》』 ……37
慣 口《くち》がかたい ……17
慣 口《くち》をとがらせる ……15,17
慣 首《くび》をかしげる ……15,18
こ くもの子《こ》を散《ち》らすよう ……5,7
故 蛍雪《けいせつ》の功《こう》 ……27
故 逆鱗《げきりん》にふれる ……25,27
慣 けりがつく ……18
故 紅一点《こういってん》 ……25,27
孔子《こうし》 ……37
口上《こうじょう》 ……56
故 呉越同舟《ごえつどうしゅう》 ……25,27
『後漢書《ごかんじょ》』 ……36,41
名 虎穴《こけつ》に入《い》らずんば虎子《こじ》を得《え》ず。……36
『古詩源《こしげん》』 ……36
故事成語《こじせいご》 ……24
故事成語劇《こじせいごげき》 ……32
故事成語新聞《こじせいごしんぶん》 ……30
故 五十歩百歩《ごじっぽひゃっぽ》 ……25,27
ことば遊《あそ》び ……50
ことわざ ……4
ことわざ辞典《じてん》 ……12

さ行《ぎょう》

故 塞翁《さいおう》が馬《うま》 ……27
名 先《さき》んずれば人《ひと》を制《せい》す。……34,36
慣 さばを読《よ》む ……15,18
こ さるも木《き》から落《お》ちる ……5,7
『三国志《さんごくし》』 ……41
名 子曰《しいわ》く，
「過《あやま》ちて改《あらた》めざる，〜 ……36
名 子曰《しいわ》く，
「己《おのれ》の欲《ほっ》せざるところは，〜 ……35
名 子曰《しいわ》く，
「君子《くんし》は諸《これ》を〜 ……35
名 子曰《しいわ》く，
「巧言令色鮮《こうげんれいしょくすく》なし仁《じん》。」と。……35
名 子曰《しいわ》く，
「過《す》ぎたるは猶《な》ほ《お》〜 ……35
名 子曰《しいわ》く，
「徳孤《とくこ》ならず，〜 ……35
名 子曰《しいわ》く，
「故《ふる》きを温《あたた》めて〜 ……35
名 子曰《しいわ》く，
「学《まな》びて思《おも》は《わ》ざれば〜 ……35
名 子曰《しいわ》く，
「学《まな》びて時《とき》に〜 ……35
四 自画自賛《じがじさん》 ……43,45

監修

工藤直子（くどうなおこ）
詩人，童話作家。日本児童文学者協会新人賞，産経児童出版文化賞などを受賞。著書に『のはらうたⅠ～Ⅳ』（童話屋），『さとやまさん』（アリス館），『「いる」じゃん』（スイッチ・パブリッシング）などがある。

髙木まさき（たかぎまさき）
横浜国立大学教授。専門は，国語教育学。著書に『「他者」を発見する国語の授業』（大修館書店），『情報リテラシー　言葉に立ち止まる国語の授業』（編著　明治図書出版），『国語科における言語活動の授業づくり入門』（教育開発研究所）などがある。

編集

青山由紀（あおやまゆき）
筑波大学附属小学校教諭。著書に『話すことが好きになる子どもを育てる』（東洋館出版社），『子どもを国語好きにする授業アイデア』（学事出版），『こくごの図鑑』（小学館），『古典が好きになる―まんがで見る青山由紀の授業アイデア10』（光村図書出版）などがある。

小瀬村良美（こせむらよしみ）
元公立小学校教諭。NHK Eテレ「おはなしのくにクラシック」番組協力員などを務める。『感動する授業』（朝日新聞社編）などに古典の実践を紹介している。

岸田 薫（きしだかおる）
元神奈川県横浜市立並木中央小学校主幹教諭。横浜市小学校国語教育研究会所属。小学校における語彙指導の在り方について研究している。著書に『読解力UP!　小学校全体で取り組む「読書活動」プラン』（共著　明治図書）などがある。

●協力
筑波大学附属小学校　筑波大学附属小学校児童のみなさん

●写真提供
筑波山ガマ口上保存会
日本大道芸・大道芸の会

●写真
田中史彦　田中一臣

●表紙イラスト
轟 由紀

●本文イラスト
茶々あんこ　ツダタバサ

●装丁・デザイン・DTP
朝日メディアインターナショナル株式会社

●編集協力
株式会社 童夢

光村の国語　わかる，伝わる，古典のこころ ❸

ことわざ・慣用句・故事成語を楽しむ　14のアイデア

2008年11月28日　第1刷発行
2019年 9 月18日　第4刷発行

監修　工藤直子　髙木まさき
編集　青山由紀　小瀬村良美　岸田 薫
発行者　安藤雅之
発行所　光村教育図書株式会社
〒141-0031　東京都品川区西五反田2-27-4
TEL　03-3779-0581（代表）
FAX　03-3779-0266
http://www.mitsumura-kyouiku.co.jp/
印刷　協和オフセット印刷株式会社
製本　株式会社 ブックアート

ISBN978-4-89572-745-7　C8081　NDC810
64p　27×22cm

Published by Mitsumura Educational Co.,Ltd.Tokyo,Japan

だいじょうぶですか?
もう入ってまーす!!
自分が落ちるなんて…
"穴があったら入りたい"